행복한 죽음을 위한

조념염불법

- 임종삼대요 · 임종혹문 · 조념염불실용문답 -

정전스님 · 보정거사 편역

　부처님 법문 한 구절을 이웃에게 전하는 공덕은 수 만 채의 절을 짓는 공덕보다 크다고 경전은 설하고 있습니다.

　이 책을 읽고 신심을 낸 분들은 꼭 주변 사람들에게 권하거나, 무주상의 법보시를 실천하시길 간절히 부탁 드립니다. 한 사람, 한 가족을 구제하고 한 부처님을 탄생시키는 거룩한 불사입니다.

　나무아미타불 나무아미타불 나무아미타불

아미타불 내영도(來迎圖)
아미타 부처님께서 염불 중생을 접인하시는 모습.

西方接引图

이하백도도(二河白道圖)
서방정토에 계신 아미타불(좌)께 불자를 인도하는 석가모니불(우).

머 리 말

주변에 간혹, 평생 부처님을 공경하고 따르며 살아온 사람일지라도 죽음이 닥쳐오면 불안해하고 두려워서 눈물을 흘리는 분들을 보게 됩니다.

건강할 때에는 죽음을 먼 얘기로 느끼다가 이런 저런 이유로 죽음이 가까워오면 심신이 나약해지고 신심이 흩어져서 허둥거리게 되고, 가족이나 친지들 역시 죽음이란 거역할 수 없는 거대한 힘에 의해 슬픔에 빠지게 됩니다.

이런 때에 불자님들에게 조념염불(도움염불)은 매우 중요하며, 조념염불에 대한 매뉴얼이 있었으면 좋겠다는 불자님들의 의견에 따라 이미 큰 선지식들께서 간곡하신 말씀으로 서술되어 있는 여러 말씀들을 인용하고 저도 또한 임종 염불조념의 경험으로 느낀 바를 간단하게 적었습니다.

『임종삼대요』를 저술하신 인광대사님과 번역하여 주신 보정 서길수 박사님, 『임종혹문』과 『조념염불 실용문답』을 번역해 주신 정전스님께 감사의 합장을 올립니다!

수많은 분들이 조념염불로 큰 이익을 얻고 그런 경험들이 또 다른 많은 책으로 만들어져 법계에 회향되기를 발원합니다!

초대하지 않았어도
인생은 저 세상으로부터 찾아왔고
허락하지 않아도 이 세상으로부터 떠나간다.
찾아왔던 것처럼 떠나가는데,
거기에 무슨 탄식이 있을 수 있으랴.

― 본생담에서

釋慧明 恭敬 合掌

차 례

임종삼대요(臨終三大要)

임종삼대요(臨終三大要)

임종할 때 해야 할 3가지 중요한 일

인광(印光)대사 지음
보정거사 번역

世間最可慘者，莫甚於死，而且擧世之人，無一能倖免者，以故有心欲自利利人者，不可不早為之計慮也，實則死之一字原是假名，以宿生所感一期之報盡，故捨此身軀，復受別種身軀耳。不知佛法者直是無法可設，只可任彼隨業流轉。今既得聞如來普渡眾生之淨土法門，故當信願念佛，預備往生資糧，以期免生死輪迴之幻苦，證涅槃常住之眞樂。其有父母兄弟及諸眷屬，若得重病，勢難痊癒者，宜發孝順慈悲之心，勸彼念佛求生西方，並為助念，俾使病者由此死已，即生淨土，其為利益，何能名焉。

세상에서 가장 끔찍한 것은 죽음보다 더한 것이 없고, 세상사람 가운데 그 죽음을 벗어난 사람은 단 한 명도 없습니다. 그렇기 때문에 스스로를 이롭게 하고 남을 이롭게 하려는 사람은 반드시 일찍 헤아려 (이 문제를) 생각해야 합니다. 사실 죽음이란 본래 헛된 이름으로, 지난 생에서 지은 과보가 (현재의 생에서) 끝나 이 몸을 버리고 다시 다른 종류의 몸을 받는 것일 뿐입니다.

부처님의 가르침을 모르는 사람들은 어떻게 해야 할지 몰라 오로지 업보에 따라 (천상, 인간, 아수라, 축생, 아귀, 지옥의 6도를) 떠돌 뿐입니다. 이제 여래(如來: 부처님)께서 중생을 위해 널리 펴신 정토법문(淨土法門)을 알게 되었으니, 마땅히 믿음(信)과 왕생의 원(願)을 가지고 염불하여 (극락에) 왕생할 밑천을 마련하고, 끊임없이 나고 죽는 허깨비 같은 괴로움을 벗어나, 진리를 깨달아(涅槃) 나고 죽음이 없는(常住) 참된 즐거움을 얻어야 할 것입니다.

부모형제나 집안의 가족들이 목숨이 위태할 만큼 큰 병을 앓아 낫기 어렵게 되었다면 마땅히 섬기고 사랑하는 마음을 내서, 염불하여 서방(극락세계)에 가서 태어나라고 말해주고, 아울러 도움염불(助念)을 해야 합니다. 아픈 사람이 죽음을 마치고 정토에 태어나게 해 준다면 그 공덕(利益)을 어찌 다 일컬을 수 있겠습니까?

今列三要以爲成就臨終人往生之據 , 語雖鄙俚 , 意本佛經 , 遇此因緣 , 悉擧行焉。言三要者：

　여기서 든 3가지 중요한 일은 목숨이 다하는 사람이 (극락에) 가서 태어날 수 있는 바탕이 되도록 하는 것으로, 비록 촌스럽고 속되더라도 그 뜻은 부처님의 경전을 바탕으로 한 것이니 이 인연을 만난 사람은 모두 실행해 주시기 바랍니다. 3가지는 다음과 같습니다.

第一：善巧開導安慰，令生正信。
第二：大家換班念佛，以助淨念。
第三：切戒搬動哭泣，以防誤事。

　첫째, 좋은 방편(善巧)¹⁾으로 이끌고 편안하게 위로하여, 바른 믿음(正信)이 생겨나게 한다.

　둘째, 모두 돌아가며(차례를 바꾸어) 염불해서, (목숨이 다하는 사람이) 올곧게 염불만 할 수 있도록(淨念)²⁾ 도와야 한다.

---

1) 선교(善巧)：좋고 교묘하다는 뜻. 불보살이 중생을 교화하는 방법이 교묘하다는 것을 가리킨다. 선권(善權)이라고도 하는데, 선교방편(善巧方便, upāya-kauśalya)을 줄인 말이다.
2) 정념(淨念)：다른 것에 흔들리지 않고(물들지 않고, 不染) 염불에만 집중하는 마음으로, 집착을 떠나 염불에만 집중하는 것(無著淸淨念)을 말한다. 25가지 보살과 성문이 깨닫는 방법 가운데 24번째인 대세지보살 등의 근대원통(根大圓通)을 정념(淨念)이라고 한다.

셋째, 절대 (목숨이 다한 사람을) **옮기거나 흔들거나** (곁에 있는 사람들이) **울지 못하게 하여, 일을 그르치는 일이 없도록 막아야 한다.**

果能依此三法以行 , 決定可以消除宿業 , 增長淨因 , 蒙佛接引 , 往生西方。一得往生 , 則超凡入聖 , 了生脫死 , 漸漸進修 , 必至圓成佛果而後已。如此利益 , 全仗眷屬助念之力。能如是行 , 於父母 , 則為眞孝 ; 於兄弟、姊妹 , 則為眞悌 ; 於兒女 , 則為眞慈 ; 於朋友、於他人 , 則為眞義、眞惠。以此培自己之淨因 , 啟同人之信嚮 , 久而久之 , 何難相習成風乎哉。今為一一條陳 , 庶不至臨時無所適從耳。

만일 이 법에 따라 그대로 행하면 반드시 지난 세상에 지은 업을 쓸어 없애고, 정토로 가는 씨앗(淨因)이 더 늘어나고 자라서 부처님께서 이끌어주는 은혜를 입어 서방(극락정토)에 왕생하게 됩니다. 한 번 왕생하게 되면 평범한 사람을 벗어나 거룩한 경지에 들어가 나고 죽는 것을 벗어나며, 조금씩 닦아 나아가 반드시 불과(佛果)를 원만히 이룬 뒤에야 그치게 됩니다.

이런 이익은 집안의 가족들이 하는 도움염불(助念)의 힘 때문에 생기는 것입니다. 이렇게 하는 것이 부모님께는 참된 효도가 되고, 형제자매에게는 참된 우애가 되고, 아들·딸에게는 참된 사랑이 되고, 벗이나 다른 사람에게는 참된 의리가 되고 참으로 베푸는 것이 되는 것입니다.

이처럼 스스로 정토로 가는 씨앗을 기르고, 같이 모인 사람들에게 믿음을 일으키며 오랜 시일이 지나가면, 어찌 서로 배우면서 (염불하는) 풍조를 만드는 것이 어렵겠습니까?

이제 한 가지씩 자세히 설명하는 것은 모든 사람이 목숨이 끊일 때 제멋대로 하지 않도록 하기 위해서입니다.

第一 : 善巧開導安慰 , 令生正信。

첫째, 좋은 방편(善巧)3)으로 이끌고 편안하게 위로하여,
바른 믿음(正信)이 생겨나게 한다.

切勸病人放下一切 , 一心念佛。如有應交代事 , 速令交代。交代後便置之度外 ,
即作我今將隨佛往生佛國。世間所有富樂眷屬 , 種種塵境皆為障礙 , 致受禍
害 , 以故不應生一念繫戀之心。須知自己一念真性本無有死 , 所言死者 , 乃捨
此身而又受別種身耳。若不念佛 , 則隨善惡業力 , 復受生於善惡道中。(善道
即人、天。惡道即畜生、惡鬼、地獄。修羅則亦名善道 , 亦名惡道 , 以彼修因感果
均皆善惡夾雜故也。)

아픈 사람이 모든 것을 내려놓고 한 마음으로 염불하
도록 권한다. 만일 인계해야 할 일이 있으면 빨리 넘겨
주도록 하고, 넘겨 준 뒤에는 그 일을 마음에 두지 않고
곧바로 '나는 부처님을 따라 부처님 나라에 왕생하겠다.
이 세상에서 가졌던 재산, 즐거움, 나의 가족 같은 갖가
지 헛된 경계(塵境)4)는 모두 가로막아 거치적거리는 것

---

3) 선교(善巧): 좋고 교묘하다는 뜻. 불보살이 중생을 교화하는 방법이
   교묘하다는 것를 가리킨다. 선권(善權)이라고도 하는데, 선교방편(善巧
   方便, upāya-kauśalya)을 줄인 말이다.
4) 진경(塵境, artha) 마음의 대상이 되는 색(色), 성(聲), 향(香), 미(味),

이고 근심과 손해를 가져다주는 것이므로 단 한 생각도 그에 이끌려 그리워하는 마음을 내지 않겠다.'고 마음먹도록 해야 합니다.

모름지기 스스로의 한 생각과 참된 본성은 본래 죽음이란 것이 없는 것이고, 죽음이란 이 몸을 버리고 다른 몸을 받는 것이라는 것, 염불하지 않으면 좋고 나쁜 업력에 따라 다시 좋고 나쁜 길 따라 다시 태어나게 됩니다. 좋은 길이란 사람이나 하늘(사람)을 가는 길이고, 나쁜 길이란 축생 아귀 지옥을 가는 길입니다. 수라는 좋은 길도 되고 나쁜 길도 되는데 닦은 씨앗(因)에 따라 받는 열매(果)에 좋고 나쁜 것이 모두 섞여 있기 때문입니다.

若當臨命終時，一心念南無阿彌陀佛，以此志誠念佛之心，必定感佛大發慈悲，親垂接引，令得往生。且莫疑我係業力凡夫，何能以少時念佛，便可出離生死，往生西方。當知佛大慈悲，即十惡五逆之極重罪人，臨終地獄之相已現，若有善知識教以念佛，或念十聲，或止一聲，亦得蒙佛接引，往生西方。此種人念此幾句尚得往生，又何得以業力重，念佛數少而生疑乎？須知吾人本具真性與佛無二，但以惑業深重不得受用。今既歸命於佛，如子就父，乃是

촉(觸), 법(法) 같은 6가지 경계.

還我本有家鄉 , 豈是分外之事。

　목숨을 마칠 때 한 마음으로 '나무아미타불'을 새기면 지성으로 염불하는 마음이 반드시 부처님의 마음을 움직이기 때문에 큰 자비를 베푸시어 몸소 맞이하여 극락에 왕생하게 하십니다.

　또 '나는 업력에 걸린 범부인데 어찌 잠깐 염불한 것 가지고 나고 죽음을 벗어나 서방극락정토에 왕생할 수 있겠는가?' 라고 의심하지 마십시오. 부처님의 큰 자비는 10가지 나쁜 짓(十惡)이나 5가지 나쁜 짓(五逆) 같은 더할 수 없이 무거운 죄를 지은 사람이 목숨이 다할 때 지옥의 모습이 이미 나타났다고 해도 선지식의 가르침을 받아 10번이나 또는 한 번만 염불해도 부처님께서 맞아들여 서방(극락정토)에 가서 태어난다는 것을 알아야 합니다. 이런 사람도 이처럼 몇 차례 염불하여 극락 가서 태어나는데 어찌 업력이 무겁고 염불 횟수가 적은 것을 가지고 극락에 태어나는 것을 의심하십니까?

　내가 본래 갖추고 있는 참된 본성과 부처가 둘이 아닌 것인데 나쁜 업(惑業)5)이 깊고 무거워 받아쓰지 못하

---

5) 혹업(惑業) : 탐욕, 화냄, 어리석음 때문에 생긴 나쁜 업.

고 있을 뿐입니다. 이제 부처님께 귀의하여 아들이 아버지를 따르고 나의 본래 있던 고향 집으로 돌아가는 것인데 어찌 분수에 넘치는 일이라고 할 수 있겠습니까?

又佛昔發願 : 「若有眾生 , 聞我名號 , 至心信樂 , 乃至十念 , 若不生者 , 不取正覺。」是故一切眾生臨終發至誠心 , 念佛求生西方者。無一不垂慈接引也 , 千萬不可懷疑 , 懷疑即是自誤 , 其禍非小。況離此苦世界 , 生彼樂世界 , 是至極快意之事 , 當生歡喜心 , 千萬不可怕死。怕死則仍不能不死 , 反致了無生西之分矣 ! 以自心與佛相違故 , 佛雖具大慈悲 , 亦無奈不依佛教之眾生何。

또 부처님께서는 옛날에 "만약 중생들이 내 이름을 듣고 마음 깊이 믿고 기뻐하고(至心信樂), 열 번까지 마음에 새겼는데도(乃至十念) (서방극락정토에) 태어날 수 없다면 부처가 되지 않겠습니다."라고 발원하셨기 때문에 모든 중생이 목숨이 다 할 때 지극히 정성스런 마음을 내서 염불하며 극락에 태어나고자 하면 한 사람도 받아들여지지 않는 사람이 없을 것입니다.

어떤 일이 있어도 의심해서는 안 되는 것이니, 의심하는 것은 곧 스스로 그르치게 하는 것으로 그 재앙이 적지 않습니다. 더구나 이 괴로운 세계를 떠나 저 즐거운 나라에 가서 태어나는 것은 더할 나위 없이 기뻐해야 할 일이니 마땅히 환희심을 내야지 절대 죽음을 두려워해서는 안 됩니다. 죽음을 두려워한다고 해서 죽지 않을 수 있는 것이 아니고 오히려 극락에 갈 수 없게 되어버리게 되는 것입니다. 스스로의 마음이 부처님과 서로 떨어져 버리기 때문에 비록 부처님이 큰 자비심을 갖고 계신다고 해도 부처님의 가르침을 따르지 않는 중생은 어찌할 수가 없기 때문입니다.

阿彌陀佛萬德洪名, 如大冶洪爐。吾人多生罪業, 如空中片雪。業力凡夫, 由念佛故, 業便消滅, 如片雪近於洪爐, 即便了不可得。又況業力旣消, 所有善根自然增長殊勝, 又何可疑其不得生, 與佛不來接引乎? 如此委曲宛轉開導安慰, 病人自可生正信心, 此係爲病人所開導者。至於自己所應盡孝致誠者, 亦唯在此, 切不可隨順俗情, 求神問醫, 大命將盡, 鬼神醫藥豈能令其不死乎? 旣役情於此種無益之事, 則於念佛一事, 便紛其誠懇, 而莫由感通矣。

아미타불의 만 가지 덕과 큰 이름은 마치 큰 용광로와 같습니다. 우리가 이전에 수많은 세상을 살며 지은 죄업도 마치 텅 빈 공중에 날리는 한 조각 눈에 지나지 않기 때문에 업력에 가린 범부라 할지라도 염불을 하면 마치 용광로에 떨어진 한 조각 눈처럼 바로 사라져 없어져버릴 뿐입니다. 게다가 업력이 사라지면 선근도 저절로 늘어나고 빼어나게 되는데 어찌 극락에 가서 태어나지 못할까, 부처님께서 맞이하러 오시지 않을까 의심하게 되겠습니까? 이처럼 앞뒤를 막힘없이 설명해 이끌어주고 편안하게 해주면 아픈 사람은 저절로 바르게 믿는 마음이 생기게 되는데, 이것이 아픈 사람을 제대로 이끌어주는 것입니다.

(부모님께) 효도와 정성을 다 해야 한다는 것도 오로지 이렇게 해야 하는 것이지 절대 세속적인 인정에 따라 귀신에게 부탁하거나 의사에게 물어서는 안 됩니다. 정해진 목숨이 이제 다했는데 귀신과 의약이 어찌 죽지 않게 해 주겠습니까? 이런 쓸모없는 일에 힘쓰지 말고 염불하는 일에만 집중해야 하는 것이니, 참된 노력이 어지럽게 흩어져 버리면 (부처님과) 마음이 통하지 않기 때문입니다.

許多人於父母臨終 , 不惜資財 , 請許多醫生來看 , 此名賣孝 , 欲世人稱我於父母為能盡孝 , 不知天地鬼神實鑑其心。故凡於父母喪葬等事過於張羅者 , 不有天災 , 必有人禍。為人子者宜注重親之神識得所 , 彼世俗所稱頌 , 固不值明眼人一哂 , 況極意邀求 , 以實罹不孝之大咎乎?

많은 사람들이 부모님이 돌아가시려고 하면 재물을 아끼지 않고 수많은 의사를 모셔 살피도록 하는데 이것은 효를 팔아 세상 사람들이 내가 부모님에게 지극히 효도한다고 칭찬하기를 바라는 것으로, 하늘과 땅의 귀신들이 그 마음을 샅샅이 들여다보고 있다는 것을 모르고 있는 것입니다. 그렇기 때문에 부모님 장례 같은 일을 쓸데없이 분에 넘치게 치르면 하늘이 내린 재앙은 없다고 하더라고 반드시 사람 때문에 생기는 화를 입게 됩니다.

　자식 된 사람들은 부모님 영혼(神識)이 어떻게 되느냐 하는 것에 온힘을 쏟아야 합니다. 세속의 칭송 따위는 식견 있는 사람들의 비웃음거리에 지나지 않는 것인데, 온힘을 다해 그런 것을 얻으려 한다는 것은 실로 불효라는 큰 죄를 저지르는 것입니다.

第二 : 大家換班念佛 , 以助淨念。

둘째, 모두 돌아가며(차례를 바꾸어) 염불해서, (목숨이 다하는 사람이) 올곧게 염불만 할 수 있도록(淨念)[6] 도와야 한다.

前已開導病人令生正信 , 然彼病人心力孱弱 , 勿道平素絶不念佛之人 , 不易相繼長念 , 即向來以念佛為事者 , 至此亦全仗他人相助 , 方能得力。以故家中眷屬同應發孝順慈悲之心 , 為其助念佛號 , 若病尚未至將終當分班念。應分三班 , 每班限定幾人 , 頭班出聲念 , 二三班默持 , 各念一點鐘 , 二班再接念頭班三班默持。若有小事 , 當於默持時辦 , 值班時斷斷不可離去。二班念畢 , 三班接念 , 終而復始 , 念一點鐘 , 歇兩點鐘 , 縱經晝夜亦不甚辛苦。須知肯助人淨念往生 , 亦得人助念之報 , 且莫說是為父母盡孝應如此 , 即為他人亦培自己福田 , 長自己善根 , 實為自利之道 , 不徒為人而已。

앞에서 이미 아픈 사람에게 바른 믿음이 생기도록 했

---

6) 정념(淨念): 다른 것에 흔들리지 않고(물들지 않고, 不染) 염불에만 집중하는 마음으로, 집착을 떠나 염불에만 집중하는 것(無著淸淨念)을 말한다. 25가지 보살과 성문이 깨닫는 방법 가운데 24번째인 대세지보살 등의 근대원통(根大圓通)을 정념(淨念)이라고 한다.

으나 아픈 사람들은 마음이 약합니다. 평소 염불을 전혀 하지 않았던 사람은 오래 염불을 이어가기 어렵고, 이전에 염불을 해오던 사람이라도 죽음에 이르면 모두 다른 사람이 서로 도와야지만 비로소 (계속 염불할) 힘을 얻게 됩니다. 그렇기 때문에 집안의 모든 가족들은 마땅히 효성스럽고 자비로운 마음을 일으켜 염불을 이어갈 수 있도록 도와야 합니다.

만일 아픈 사람이 아직 숨을 거둘 때가 되지 않았을 때는 반을 나누어 하는데, 한 반에 몇 명씩 정해 3반으로 나누어야 합니다. 1반이 소리 내서 염불하면 2·3반은 (소리 내지 않고) 속으로 염불하는 식으로 1시간 동안 하고, 1반에 이어서 2반이 소리 내서 염불하면 1·3반이 속으로 염불합니다. 대수롭지 않는 일은 소리 내지 않고 염불할 때 처리하고, 소리 내서 염불할 차례가 되면 절대로 자리를 떠서는 안 됩니다. 2반이 염불을 마치면 3반이 이어서 하는 식으로 끝나면 바로 시작하는데 1시간 염불하고 2시간 쉬기 때문에 밤낮 이어서 염불해도 그렇게 힘들지 않습니다.

다른 사람이 극락 가서 태어나도록 기꺼이 염불하는 사람은 나중에 다른 사람이 나를 위해 염불을 도와주는 과보를 받는다는 것을 알아야 합니다. 또 부모님에게 효성을 다하기 위해 그렇게 한다고 해서는 안 되고 다른 사람에게 하는 것이 바로 스스로의 복 밭을 일구고 스스로의 선근을 길러 자신을 이롭게 하는 것이지 오로지 다른 사람을 위해서만 하는 것이 아닌 것입니다.

成就一人往生淨土即是成就一眾生作佛，此等功德何可思議。三班相續，佛聲不斷，病人力能念，則隨之小聲念。不能念，則攝耳諦聽，心無二念，自可與佛相應矣！念佛聲不可太高，高則傷氣，難以持久。亦不可太低，以致病人聽不明白。不可太快，亦不可太慢，太快則病人不能隨，即聽亦難明了。太慢則氣接不上，亦難得益。須不高、不低，不緩、不急，字字分明，句句清楚，令病者字字分明，入耳經心，斯易得力。

한 사람이 정토에 가서 태어나게 하면 한 중생이 부처님이 되는 일이니 이런 공덕은 가히 불가사의한 일이라고 할 수 있습니다.

세 반이 서로 이어가 염불이 끊어지지 않으면, 아픈 사람은 염불할 힘이 있으면 그 소리 따라 작은 소리로 염불할 것이고, 염불할 수 없으면 귀로 자세히 들어 마음에 딴 생각이 없어질 때 저절로 부처님과 서로 통하게 됩니다.

염불 소리가 너무 높아도 안 되니, 너무 높으면 기가 상해 오래 이어갈 수 없습니다. 너무 낮아도 안 되는 것이니 아픈 사람이 또렷하게 들을 수가 없습니다. 너무 빨라도 안 되고 너무 느려도 안 되는 것이니, 너무 빠르면 아픈 사람이 따라갈 수가 없고 뚜렷하게 들리지 않으며, 너무 느리면 기운이 따라 오르지 않아 이익을 얻기 어렵습니다. 반드시 높거나 낮지 않게 하고 느리거나 급하게 하지 않게 하여, 한 자 한 자 분명하게 하고 마디마다 뚜렷하게 하여 한 글자 한 글자가 분명하게 아픈 사람의 귀로 들어가 마음에 이르러야 쉽게 (염불할 수 있는) 힘을 얻을 수 있습니다.

念佛法器唯用引磬，其他一切概不宜用。引磬聲淸，聽之令人心地淸淨。木魚聲濁，故不宜用於臨終助念。又宜念四字佛號，初念時念幾句「南無阿彌陀佛」六字，以後專念「阿彌陀佛」四字，不念南無。以字少易念，病人或隨之念，或攝心聽，皆省心力。家中眷屬如此念，外請善友亦如此念，人多人少均如此念，不可一起念，歇歇又念，以致病人佛念間斷。若値飯時，當換班喫，勿斷佛聲。若病人將欲斷氣，宜三班同念，直至斷氣以後，又復三班念三點鐘，然後歇氣，以便料理安置等事。當念佛時，不得令親友來病人前問訊諭慰，旣感

情來看, 當隨念佛若干時, 是為真情實愛, 有益於病人。若用世間俗情, 直是
推人下海, 其情雖可感, 其事甚可痛。全在主事者明道理, 預令人說之, 免致
有礙情面及貽害病人, 由分心不得往生耳。

염불할 때 법기는 오로지 경쇠만 쓰고 다른 것은 일체 써서는 안 됩니다. 경쇠는 소리가 맑아 듣는 사람의 마음자리를 맑고 깨끗하게 합니다. 목어는 소리가 탁하기 때문에 돌아가실 때 도움염불(助念)에 써서는 안 됩니다.

마땅히 4자 염불을 해야 하는 것이니, 처음 몇 번은 '나무아미타불' 6자를 새기고 그 다음부터는 '아미타불' 4자만 새기고 '나무'는 새기지 말기 바랍니다. 자수가 적으면 염불하기 쉽기 때문입니다. 아픈 사람이 염불을 따라 하거나 마음을 추슬러 들을 때 모두 아픈 사람의 마음자리(心力)를 살펴서 해야 합니다.

집안의 가족들이 이렇게 염불하고 밖에서 불러온 도반들도 똑같이 염불하되, 수가 많든 적든 위와 같은 방식으로 해야지 모두 함께 염불하고 잠깐 쉬었다가 또 염불하는 식으로 해서 아픈 사람의 염불이 끊어지게 해서는 안 됩니다. 밥 먹을 시간이 되면 반을 바꿀 때 먹고, 염불소리가 끊어져서는 안 됩니다. 만일 아픈 사람이 숨을 거두려고 하면 세 반이 모두 함께 숨이 거둘 때까지 염불하고, 또 다시 세 반이 함께 3시간을 더 염불해야 합니다. 그렇게 염불하고 나서 숨을 돌리고 (시신) 안치 같은 일을 처리해야 합니다.

  염불할 때는 친지나 벗들이 와서 아픈 사람 앞에서 묻거나 위로를 해서는 안 됩니다. 애정을 가지고 보러 왔다면 마땅히 잠시라도 염불을 따라 하는 것이 참된 정이고 실다운 사랑이며 아픈 사람에게 이득을 주는 것입니다. 만일 세속적인 정 때문에 바로 밀치고 들어가게 한다면 그 정은 비록 고맙지만 그 일 자체는 참으로 안타까운 일입니다.

  모든 것은 이 일을 맡은 사람이 도리를 뚜렷하게 알아 찾아오는 사람들에게 잘 설명하여 손님의 체면이 상하지 않게 하고 아픈 사람에게 해가 끼치지 않도록 하여 아픈 사람이 마음이 흩어져 극락에 갈 수 없게 해서는 안 됩니다.

第三 : 切忌搬動哭泣，以防誤事。

셋째, 절대 (목숨이 다한 사람을) 옮기거나 흔들거나 울지 못하게 하여, 일을 그르치는 일이 없도록 막아야 한다.

病人將終之時，正是凡、聖、人、鬼分判之際，一髮千鈞，要緊之極，　只可以佛號開導彼之神識，斷斷不可洗澡、換衣、或移寢處，任彼如何坐臥，只可順彼之勢，不可稍有移動；亦不可對之生悲感相，或至哭泣。以此時身不自主，一動則手足身體均受拗折扭列之痛。痛則嗔心生而佛念息，隨嗔心去多墮毒類，可怖之至。若見悲痛哭泣則情愛生，佛念便息矣！隨情愛心去，以致生生世世不得解脫。此時所最得益者，莫過一心念佛，所最貽害者，莫過於妄動哭泣。若或妄動哭泣，致生嗔恨及情愛心，則欲生西方萬無有一矣！又人之將死，熱氣自下至上者爲超生相，自上至下者爲墮落相，故有：「頂聖眼天生，人心餓鬼腹，畜生膝蓋離，地獄脚板出」之說。

아픈 사람이 곧 목숨을 거두려 할 때는 바로 범부·성인·사람·귀신 가운데 어떤 길로 갈 것인지 판가름 나는 (마치 실 한 오라기로 만 근을 끄는 것처럼) 아주 위태롭고 중요한 때이기 때문에 오로지 부처님의 이름(염불)으로 그의 영혼(神識)을 이끌어 주어야지 절대로 씻거나 옷을 바꿔 입히거나 누운 자리를 옮겨서는 안 됩니다.

　아픈 사람이 어떻게 앉아 있거나 누워 있더라도 그대로 놔두어야지 조금이라도 옮겨서는 안 되고, 또한 상대를 보고 슬퍼하는 모습을 보이거나 울어서는 안 됩니다. 이때는 몸을 스스로 가눌 수가 없기 때문에 한 번 움직이면 손발이나 몸뚱이가 모두 부러지고 끊어져 꼬아놓은 것 같은 아픔을 당하기 때문입니다. 아프면 화나는 마음이 생겨 염불을 그만두게 되기 때문에 화나는 마음에 따라가 대부분 독사 같은 부류에 떨어지게 되니 더할 나위 없이 두려운 일인 것입니다.

　만일 몹시 슬피 우는 것을 보면 정과 사랑하는 마음이 생겨 염불을 그만 두기 때문에 그 정과 사랑하는 마음을 따라가 몇 번을 다시 태어나도 해탈을 하지 못하게 됩니다. 이때, 가장 이로운 것은 한마음으로 염불하는 것보다 더 나은 것이 없고 가장 해로운 것은 망령되이 (아픈 사람을) 움직이거나 우는 것보다 더한 것이 없습니다. 만일 망령되이 움직이거나 울어서 성내며 원망하는 마음이나 정과 사랑하는 마음이 생기면 극락 가서 태어나겠다는 생각이 하나도 없어져 버립니다.

또 사람이 죽으면 따뜻한 기운이 아래서 위로 올라가면 (좋은 길로, 善道) 다시 태어나는 모습이고 위에서 아래로 내려가면 (나쁜 길로, 惡道) 떨어지는 모습입니다. 그렇기 때문에 '정수리에 (따뜻한 기운이) 있으면 성인으로 태어나고, 눈에 있으면 하늘에서 태어나고, 사람은 심장, 아귀는 배, 짐승은 무릎에서 (기운이) 떠나고, 지옥(으로 떨어지는 사람)은 발바닥으로 (기운이) 나간다(頂聖眼天生, 人心餓鬼腹, 畜生膝蓋離, 地獄脚板出)'는 말이 있습니다.

然果大家至誠助念, 自可直下往生西方, 切不可屢屢探之, 以致神識未離, 因此或有刺激, 心生煩痛, 致不得往生, 此之罪過, 實是無量無邊。願諸親友各各懇切念佛, 不需探彼熱氣, 後冷於何處也。為人子者於此留心, 乃為眞孝。若依世間種種俗情, 卽是不惜推親下苦海, 為邀一般無知無識者群相稱讚其能盡孝也, 此孝與羅刹女之愛正同, 經云:「羅刹女食人, 曰我愛汝, 故食汝。」彼無知之人行孝也! 令親失樂而得苦, 其不與羅刹女之愛人相同乎? 吾作此語非不盡人情, 欲令人各於實際上講求, 必期亡者往生, 存者得福, 以遂孝子賢孫親愛之一片血誠, 不覺其言之有似激烈也, 眞愛親者必能諒之。

그러나 여러분이 온힘을 다해 도움염불을 하면 저절로 서방(극락)으로 바로 가서 태어나는 것이니 절대로 자주 살펴봐서는 안 됩니다. 영혼(神識)이 아직 떠나지 않았기 때문에 자극을 받아 급격하게 움직여 마음에서 번뇌와 괴로움이 생겨나면 극락 가서 태어날 수 없기 때문입니다. 이런 그릇된 허물은 실로 그지없고 가없다고 할 수 있습니다. 여러분들은 모두 간절하게 염불만 하시고 따뜻한 기운이 어디에 있고 어디에서 식었는지 살펴보지 마시길 바랍니다. 자식 된 도리란 이런 일을 마음에 두어야지 참으로 효도를 하는 것입니다.

만일 갖가지 세속적인 인정에 따라 일을 처리하면 어버이를 괴로움의 바다로 거리낌 없이 밀어 넣는 것이며, 아무 것도 모르는 보통 사람들의 요구대로 하여 뭇 사람들로 칭찬을 받는 것이 효도를 다한 것이라고 생각한다면, 그 효도란 나찰녀의 사랑과 똑같은 것입니다. 경전에 이르길 "나찰녀가 사람을 잡아먹으며 '내가 너를 사랑하기 때문에 너를 잡아먹는다'고 말했다."고 했는데, 바로 그 미련하고 어리석은 사람의 효행도 이런 것입니다. 어버이로 하여금 즐거움을 잃고 괴로움을 얻게 한다면 어찌 나찰녀의 사랑과 똑같다고 하지 않을 수 있겠습니까?

吾作此語非不盡人情 , 欲令人各於實際上講求 , 必期亡者往生 , 存者得福 , 以
遂孝子賢孫親愛之一片血誠 , 不覺其言之有似激烈也 , 真愛親者必能諒之。

제가 말씀드리고자 하는 것은 인정을 다 끊으라는 것
이 아니고, 사람들마다 돌아가신 분은 (극락) 가서 태어
나고, 살아 있는 사람은 복을 받는 실질적인 길을 찾아
서 마련하시라는 것입니다. 효성 깊고 슬기로운 자손들
이 부모 사랑을 제대로 완수하도록 한 마디 간절한 마
음을 이야기하다 보니 말이 너무 격렬했는지 모르겠지만
참으로 어버이를 사랑하는 사람들은 반드시 잘 헤아려야
할 것입니다.

「頂聖眼天生」, 謂人氣已斷 , 通身冷透 , 唯頭頂獨熱者 , 則必超凡入聖 , 了
生脫死也 ; 眼天生者 , 若眼及額顙處獨熱 , 則生天道。「人心餓鬼腹」, 心處獨
熱 , 則生人道 ; 肚腹獨熱 , 則生餓鬼。「畜生膝蓋離」, 膝蓋獨熱 , 則生畜生
道。「地獄腳板出」, 腳板獨熱 , 則生地獄道。

정성안천생(頂聖眼天生)이란 사람의 기운이 이미 끊어져
온몸이 차가운데 머리의 정수리에만 열이 있는 것을 말
하는 것으로서, 반드시 범인을 벗어나 성인이 된 것으로
나고 죽는 것을 벗어난 것입니다. 안천생(眼天生)이란 만

일 눈과 이마에만 열이 있으면 천도(天道)에 태어난다는 것입니다. **인심아귀복(人心餓鬼腹)**이란 심장 있는 곳만 열이 있으면 인도(人道)에 태어난다는 것이고, 배에 열이 있으면 아귀로 태어난다는 것입니다. **축생슬개이(畜生膝蓋離)**란 것은 무릎에만 열이 있으면 축생도(畜生道)에 태어난 것을 말합니다. **지옥가판출(地獄脚板出)**이란 발바닥에만 열이 있으면 지옥도(地獄道)에 태어난 것입니다.

此由人在生時所造善惡二業，至此感現如是，非可以勢力假為也。是時若病人能至誠念佛，再加眷屬善友，助念之力，決定可以帶業往生，超凡入聖耳，不須專事探試徵驗，以致誤事也。至囑！至禱！

이것은 사람이 살았을 때 지은 좋고 나쁜 2가지 업에서 생긴 것이 죽음에 이르러 나타나는 것이지 어떤 다른 힘이 꾸민 거짓이 아닙니다. 이때 만일 아픈 사람이 지극한 정성으로 염불할 수 있고, 또 집안의 가족과 도반들이 도움염불을 하면 반드시 업을 지니고 (극락) 가서 태어나(帶業往生) 범인을 벗어나 성인이 될 것입니다.

그러나 징험을 찾아보려고 하다가 일을 그르치게 되니

절대로 함부로 실험해보아서는 안 될 것입니다.

아주 간곡하게 당부합니다.
아주 간곡하게 빌어마지 않습니다.[7]

---

7) 자료출처: (转自学佛网 : http://big5.xuefo.net/nr/article13/127947.html)
우리말 옮김: **보정(普淨) 서길수(徐吉洙) 거사**.

❋ 임종삼대요(臨終三大要)의 저자 인광대사

　　인광대사(印光大師, 1862~1940)는 중국 불교 정토종의 제
13대 조사로서 속명은 성량(聖量)이고, 자(字)는 인광(印
光)이며, 별호는 상참괴승(常慚愧僧: 항상 부끄러운 중)으로 섬
서성(陝西省) 합양(郃陽)에서 조(趙)씨의 아들로 태어났
다.

대사는 나이 21살에 종남산(終南山) 남오대(南五臺) 연화동사(蓮華洞寺)에서 도순(道純)화상을 스승으로 출가하여 사미계를 받고, 이듬해 섬서성(陝西省) 흥안(興安) 쌍계사(雙溪寺)에서 해정(海定)율사로부터 구족계를 받았다.

대사는 관세음보살 도량인 보타산(普陀山) 법우사(法雨寺)에서 20년 남짓 오로지 경전을 정리하고 염불에만 마음을 쏟으며 명예나 지위를 구하지 않았다. 또 2번 빗장을 걸고(閉關) 염불에 전념하였다. 1912년 불학총보(佛學叢報)를 내면서 상참괴승이라는 이름을 쓴 뒤, 청말 민국 초기에 중국이 극도로 혼란하고 불법의 쇠퇴가 극심한 상황에서 염불수행으로 중생교화와 불법홍포에 헌신하였다.

1940년 영암사(靈巖寺)에서 세속 80세 출가 승랍(僧臘) 60년에 입적하셨는데, 수없이 많은 오색찬란한 사리가 나왔다.

대사는 일생동안 지조를 지킴이 근엄하였고, 대세지보살의 화신으로 추앙받으며, 민국 이래로 학문과 덕행이 뛰어난 정토종의 사표(師表)로서 지금까지 널리 존경받고 있다.

임종혹문(臨終惑問)

임종혹문(臨終惑問)
– 임종조념과 장기기증에 관하여

월간 명륜(明倫月刊) 기록
정전스님 번역

머리말

　임종(臨終)은 불교공부를 하는 수행인에 있어서 대단히 중요한 하나의 관문입니다. 현생에서 곧 생명이 끝나려 할 때, 금생에 이어 계속해서 윤회를 할 것인가, 아니면 해탈을 할 것인가 라는 것은, 항상 이 결정적인 순간에 이르러 결과를 알 수 있습니다.

　근래 들어 장기기증을 하는 분위기가 사회적으로 상당히 성행하고 있는 가운데, 이를 제창하는 사람들은 항상 "사람이 죽고 나면 아무런 느낌이 없을 텐데, 어찌하여 이 한 몸을 기증하여 대보시를 실천하지 않는가?" 라고 호소하면서 대중에게 시신기증 또는 장기기증을 널리 실천하도록 권장하고 있습니다.

이러한 논조 하에, 어떤 사람은 신문에 글을 실어 정토종에서 "사람이 죽은 뒤 8시간 이내에는 함부로 움직이지 말고 오로지 그 사람을 위해 조념염불을 해줘야 한다"는 주장은 보살이 자비심으로 중생을 이롭게 하려는 시대적인 흐름을 크게 역행하는 것이라며 비판하였습니다.

사람이 임종할 때 영혼[神識]이 몸을 떠나가는 과정은 도대체 어떠한가? 그리고 현대의학에서는 뇌사자에 대한 장기채취를 어떻게 바라보고 어떻게 처리하는가? 아마도 이러한 갖가지 의혹들에 대해 깊은 연구를 통해 분명하게 밝혀서 알아야만 대중이 선택을 할 수 있을 것입니다. 그래서 본 월간지에서는 특별히 「임종조념」과 「장기기증」 등의 관련 문제들을 가지고 우근(藕根, 오총룡) 거사님과 인터뷰를 진행하였으니, 경론 속의 성언량(聖言量: 부처님 말씀)을 통하여 임종 조념과 장기기증에 대한 수많은 의혹과 편견들이 사라지길 바라는 바입니다.

〈다음은 인터뷰 내용입니다〉

1. 몸과 마음의 관계는 어떠한가, 그리고 8식간의 상호관계는 어떠한가?

【대답】 5근(안·이·비·설·신)으로 구성된 이 몸은 제8식의 상분(相分: 인식의 대상)이며, 제8식이 스스로 변화해내고 스스로 반연[自變自緣]하는 대상이다. 「근신(根身: 몸)을 변화해 나타내고 다시 근신을 집수함(執受: 집은 거두어 유지시킴[攝持]이요, 수는 마음으로 하여금 감수 작용을 일으킴[令生覺受])이다.」

세상 사람들에게 있어 일생의 생명은 앞서 지은 업력에 의하여 근신(根身)을 집수하기 때문에 온 몸이 전체적으로 따뜻하고(체온이 있음), 모든 신진대사의 기능이 활동을 멈추지 않는다.

그런데 만약에 일생의 업연(業緣: 선악의 과보를 받을 원인이 되는 업보의 인연)이 다 되었다면 더 이상 근신을 두루 집수하지 않고 차츰차츰 부분적으로 몸에 대한 집수를 버리게 된다. 이렇게 몸이 점차적으로 식다가 온 몸이 완전히 식어버리면, 그땐 이미 식이 몸을 떠난 것이고, 이때를 수명이 다한 「명종(命終)」상태라 부른다.

제7식은 제8식을 의지해 현행을 일으키지만 도리어 제8식의 견분(見分: 인식의 주체)을 진실한 법과 진실한 나[實法實我]라고 여기는데, 시작이 없는 옛적부터 제7식과 제8식은 쇠사슬처럼 서로 얽혀 있으면서 영원히 떨어지지 않는다.

7, 8식을 의지해 현행을 일으키는 제6식은 제7식을 근(根)으로 삼고 있지만 제7식이 나[我]를 집착하는 한, 제6식 역시 아집(我執)으로부터 벗어날 수 없다. 따라서 범부중생이 마음을 일으키고 생각을 움직이는 것은 전부 번뇌가 있는 유루심(有漏心)이 되고 신·구·의 삼업은 모두 유루업(有漏業)이 되고 만다. 그리고 전5식(前五識)은 6, 7, 8식과 5근을 의지해 현행을 하므로 5근이 못쓰게 되면 5식은 더 이상 현행을 일으키지 못한다.

2. 불법에서는 「사망」을 어떻게 정의하는가, 언제가 진정한 「사망」시간인가?

【대답】 의학에서 「사망」이란 호흡이 멈춘 상태(숨이 끊어짐), 내지는 심장의 박동이 멈춘 상태를 말한다. 그러나 불법에서는 그렇게 보지 않는다. 불법에서의 「사망」기준은 제8식이 몸을 버리고 떠난 상태, 즉 온 몸이 싸늘하게 식었을 때를 말한다. (식이 떠남 → 몸이 식음 → 수명이 다함)

그렇다면 숨이 끊어지고 나서 온 몸이 완전히 식을 때까지 시간이 얼마나 걸릴까?

시간은 일정하지가 않다. 왜냐하면 영혼[神識]이 몸을 빠져나가는 시간의 더딤과 빠름은 그 사람이 일생 동안의 행실과 인품, 덕성 등과 직접적인 관계가 있기 때문이다.

지극히 착하거나 지극히 악한 사람의 경우는 빠져나가는 시간이 굉장히 빠르고, 보통사람의 경우는 비교적 느린 편이다. 빠른 자는 굉장히 빨라서 숨이 끊어진지 얼마 안 되어 온 몸이 완전히 식어버리는가 하면, 더딘 사람은 엄청 더뎌서 숨이 끊어진 뒤에도 24시간, 심지어 이틀, 사흘이 지나서야 비로소 싸늘하게 식어버린다.

그러나 대부분 사람들의 경우는 숨이 끊어진 뒤 몇 시간에서 24시간 이내로 몸이 완전히 차갑게 식어버린다. 의학계의 통계에 의하면 숨이 끊어진 뒤에 체온이 한 시간마다 1도씩 떨어진다고 하는데, 이 역시 대략적인 얘기일 뿐 사람마다 다 그런 것은 아니다.

불법의 입장에서 말하자면, 전신이 아직 완전히 식지 않았다면 제8식은 아직 몸을 떠나지 않았음을 의미한다. 그렇다면 아직은 「명종」이 아닌 「임종」단계에 속하는 것이다.

3. 「임종」단계에서 8식의 작용은 어떠한가?

【대답】 우리들 일생의 생명과보가 곧 끝나려고 할 때에는 먼저 숨이 끊어지게 되고, 그 다음에 제8식이 더 이상 이 몸을 두루 집수(執受)하지 않게 되므로 「부분적으로 버리게 되니, 버리는 부위에 따라 차가운 촉감이 생겨난다(故分分捨 隨所捨處 冷觸便生) -《유가사지론》」

어떤 사람의 경우는 몸의 윗부분부터 식기 시작하고, 어떤 경우는 아랫부분부터 식기 시작하여 계속해서 맨 마지막부분까지 식었을 때에, 제8식이 비로소 몸을 완전히 떠나게 되고 비로소 더 이상 이 몸을 집수하지 않게 되지만, 그 이전에는 제8식이 국부적인 근신에 대하여 여전히 집수작용을 하고 있다.

그리고 제8식이 아직 남아 있다면 제7식도 당연히 남아 있을 것이다. 7, 8식이 아직 존재한다면 제6식도 여전히 작용을 할 가능성이 있는데, 제6식이 현행을 일으킬 때 의지해야 할 인연이 매우 적어서 가장 쉽게 일어날 수 있기 때문이다.

지극히 심한 졸도[極重悶絶]와 지극히 깊은 수면[極重睡眠], 그리고 무상정(無想定: 색계의 四禪天)을 제외하고 제6식은 항상 끊임없이 작용을 하고 있으며, 일반적인 수면 중에도 몽중의식(夢中意識)은 여전히 현행을 일으킨다.

「임종」단계에서 보통사람들의 의식은 혼미하고 흐릿한 상태에 빠지게 되는 것이 (특히 숨이 끊어진 뒤) 지극히 심한 졸도[極重悶絶]와 지극히 깊은 수면[極重睡眠]] 상태와 유사한 것 같지만 의식이 전혀 없는 것은 아니고, 또한 제6식과 상응하는 모든 심소(心所: 마음의 부수작용)들이 전부 작용하지 않는 것도 아니다.

예컨대, 아견(我見)심소와 자체애(自體愛: 자신의 몸뚱이를 애착하는 마음)는 반드시 제6식과 상응하여 끊임없이 일어날 것이다. 이 외에도 그 사람에게 지극히 굳건한 「소원」이 남아있다면, 이 단계에서도 그 소원은 여전히 끊어지지 않고 남아있다. (어떤 사람들은 이때가 되면 6식의 작용이 전부 멈춰 있을 거라고 생각하는데 이것은 잘못된 견해다.)

그리고 신식(身識)에 관하여, 제8식이 집수작용을 부분적으로 버리기 때문에 버려지는 부위마다 차가운 촉감이 생겨나고, 신근(身根)이 따라서 파괴되므로 신식(身識)도 당연히 현행을 못하게 된다. 그러나 다른 곳(아직 체온이 남아 있는 부위)에 아직 체온이 남아있고 신근이 파괴되지 않았다면 신식(身識)은 여전히 작용을 일으킬 수 있다. 다시 말해, 아직 통증을 느낄 수 있다는 것이다. (어떤 사람은 이때가 되면 아무런 통증이 없을 거라고 하는데 이것은 잘못된 견해다.)

따라서 신체에서 일부 부분적으로나마 아직 체온이 남아있다면 전6식(前六識)의 작용이 완전히 멈춰서 전혀 지각(知覺)이 없다고 말할 이유는 없다.

실제 사례를 보더라도 어떤 사람은 숨이 끊어진지 몇 시간 뒤에 먼 곳에 사는 친족이 도착하자 코에서 피가 나오거나 눈물을 흘리는 등의 경우가 있었고, 어떤 사람은 법문을 듣고 나서 감동하여 눈물을 흘리는 경우도 종종 볼 수 있었다.

최근에 〈중국시보(中國時報)〉의 중부신문에서는 풍원(豊原)의 재해 지역에서 일어난 실제 사건기사 하나를 보도하였다.

아재(阿財)와 아방(阿芳)은 1999년 9월 14일에 혼인을 하기로 서로 약속했으나 7일 뒤인 9월 21일, 대지진을 만나 풍원시 남양로에서 살던 아방이 그만 변을 당하고 말았다. 아재는 영안실에서 마지막 만남을 하며 아방에게 말했다.

"내가 널 보러 왔어!"

갑자기 아방의 코에서 피가 흘러나왔다. 흐르는 눈물을 참을 수 없었던 아재에게 아방의 어머니가 옆에서 위로를 해주셨다.

아재는 아방의 귓전에다, "꼭 너와 결혼할거야. 그리고 널 대신해서 어머님을 잘 모실게"라는 말만 반복하였다.

이때 다시 한 번 피물이 흘러나왔다. 아재는 소방이 들었음을 알았다.

이와 같은 유사한 실례는 너무 많아서 일일이 다 들 수가 없다.

4. 「임종」시에 영접하러 오신 부처님을 뵙고, 「명종」할 때 극락왕생을 한다는 것은 무슨 이치인가?

【대답】 중생의 수명이 다하려 하고 식이 몸을 떠나려는 순간의 마음상태를 「난심위(亂心位)」라고 부른다. 이때에 6식은 작용하지 않고(6식의 작용이 진정으로 완전히 멈춘 상태가 바로 이 때다), 오직 7, 8식만 남게 되는데, 평소에 지휘하고 주인노릇을 하던 제6식이 현행을 하지 않는 이상, 8식의 밭 속에 있던 업종자(業種子)들이 분분히 일어나려는 것이 마치 한 나라에 진정한 왕이 없으면 난신적자(亂臣賊子)들이 전부 들고 일어나는 것과 같기 때문에 「난심위」라 부르는 것이다. (제8식에 저장된 업종자가 분분하게 일어나려고 하는 입장에서는 「난심위」라 부르고, 전6식이 전혀 작용을 하지 않는 측면에서는 「민절무심위」라 부른다. 그리고 이 시간은 긴 경우도 있고 짧은 경우도 있는데, 업장이 두터우면 길고 업장이 가벼우면 짧다.)

이때는 대체로 가장 강력한 힘을 지닌 업종자(인연이 무르익음)가 먼저 현행을 한다. 그리고 이 업종자가 어느 도(道)와 상응하는가에 따라서 제8식 가운데 그 도의 과보무기종자(果報無記種子)의 현행을 감응하여 그 도의 중음신을 형성하게 된다.

이 중음신이 형성된 후에 인연 있는 부모의 정자와 난자가 결합하는 순간을 기다렸다가 모태에 들어가게 되는데, 이것을 「이제를 끌어당긴다[攬二渧]」라고 부른다.(태생의 경우만 해당함)

따라서 삶과 죽음 사이의 관건은 「난심위」에 있는 것으로서 만약에 이 순간에 업종자가 일어나지 않고 부처의 종자[佛種子]가 현행을 하도록 할 수 있다면 무시겁 이래의 생사윤회는 이것으로 끝나게 될 것이다. 하지만 일반 중생들과 수행자들이 견사혹업(見思惑業)을 말끔히 다 끊지 못했다면 「난심위」에서 반드시 업종자가 현행을 하게 되는데, 이 순간 제6의식이 현행을 하지 않는 한 자신의 뜻대로 전혀 결정할 수 없기 때문이다.

오직 정토행자만이 설사 혹업(惑業)을 끊지 못했을지라도 「임종」시에 여전히 믿음과 발원이 있어 정토왕생을 원한다면, 아미타불의 크신 서원과 감응을 이루게 되어 아미타불과 여러 성중들이 제때에 나타나 접인을 하며 위로와 인도를 해주실 것이다.

　　이때에 이 중생은 「난심위」에서 어지럽지 않고(즉「난심위」를 거치지 않음), 「명종」하여 식이 몸을 떠날 때에 업종자가 일어나지 않고 부처의 종자가 현행을 하면 곧 극락세계에 왕생하게 된다. 따라서 「임종」단계에서 믿음과 발원을 갖춘 정념[信願正念]을 유지할 수 있는지는 부처님을 뵙고 왕생할 수 있을지를 결정하는 중요한 관건이다.(자세한 내용은 《정토도언》을 참고 바람)

5. 「임종」조념의 요령은 무엇인가, 신체를 옮기거나 장기를 채취해도 되는가?

【대답】 한 사람이 「임종」단계에 이르면 여덟 가지 괴로움으로 들끓고, 두려움으로 허둥거리게 된다. 또한 혼미하고 미혹하고 전도되어 업식이 망망한 상태다. 이 순간이 되면 정념을 잃어버리기는 쉽고 유지하기는 어렵다. 따라서 그 사람이 정념을 유지할 수 있도록 돕기 위해서는 반드시 지혜롭게 위로하고 이끌어줘야 하며 신중을 기울여 보살피고 정성을 다해 간절한 마음으로 조념을 해야 한다.

절대로 옷을 갈아입힌다거나 자리를 옮기는 등의 행동을 해서는 안 된다. 이때에 7, 8식이 아직 몸을 떠나지 않았고, 제6식과 신식(身識) 역시 현행을 하므로 여전히 지각작용이 남아 있다. 한 번 번거롭게 움직이면 그 고통을 참기가 어려워 염불은 고사하고 오직 아픈 것만 생각하게 될 것이다. 게다가 아프면 화내는 마음이 일어나기가 쉬워서 악도에 떨어질 확률이 높은데, 그렇다면 견불왕생(見佛往生)은 논할 여지가 없다. 이와 같은 수많은 사례들이 옛 경론과 전적 속에 실려 있으니 신중하지 않으면 안 될 것이다.

그런데 만일 장기를 채취하게 되면 통증을 참기가 더욱 어렵기 때문에 상당한 경지의 인력(忍力, 삼매력)을 성취하신 대 보살이 아니라면 함부로 장기를 채취해서는 안 된다. 반드시 다시 한 번 환기시킬 것은, 많은 사람들이 「임종」이란 단지 숨이 끊어지기 전 단계 일뿐이고, 숨이 끊어진 뒤에는 「명종」단계여서 식이 떠난 상태이므로 마음대로 시신을 옮기거나 장기를 채취해도 괜찮을 거라고 쉽게 생각하는데, 이것은 대단히 잘못된 견해다.

앞에서 언급했듯이, 숨이 끊어진 뒤에 몇 시간 내지 24시간이 지나야 비로소 식이 몸을 떠나는 경우가 상당히 많다. 따라서 **조념 시간으로는 숨이 끊어진 뒤 24시간 동안 지속하는 것이 가장 바람직하고 온당하다.** 상황이 여의치 않다면 최소한 8시간이 지나서 소염(小殮: 12시간에서 24시간이면 가장 좋음)을 하고, **24시간이 지난 뒤에 대염**(大殮, 입관 또는 냉동실 보관)**을 하며, 화장은 반드시 7일이 지난 뒤에 진행해야 한다.**

실제 조념 경험에 의하면 숨이 끊어지는 순간에 부처

님의 영접을 받은 연우가 있는가 하면 숨이 끊어진 뒤 6시간 내지 12시간이 지나서야 부처님의 영접을 받은 경우도 있고, 24시간 이상도 종종 볼 수 있다는 것이다. 몇 가지 사례는 숨이 끊어진 뒤 24시간쯤 되었을 때에 따뜻한 기운이 정수리에 모이면서 흰색 기체를 발산하는 경우도 있고, 또는 친우들의 눈에 그 사람이 연화대에 올라서 서방삼성(西方三聖)을 따라 가는 모습이 보이는 등 왕생의 상서로운 모습[瑞相]이 아주 현저하다.

여기서 숨이 끊어진 뒤 24시간 내에는 전부 「임종」단계임을 알 수 있으니, 반드시 마음을 모아 조념하고 보살펴줘야 할 것이다.

그리고 또 반드시 설명을 해야 할 것은, 현대의학에서 장기를 채취하는 시기는 대부분 뜻밖의 사고(교통사고 등)를 당해서 뇌에 손상을 입었을 때에 의사로부터 「뇌사」판정을 받고 곧바로 장기를 채취하는 수술을 받게 되는데, 이때에 심장박동과 호흡은 아직 멈추지 않은 상태다.

불법의 입장에서 말하자면 **심장박동과 호흡이 멈춘**

상태라 할지라도 「명종」이라 할 수 없는데, 하물며 「뇌사」상태를 어떻게 「명종」이라고 말할 수 있겠는가?

죽음에 이르러
고통에 핍박받고 원혼이 나타나니
어떤 법으로 구제할 수 있는가?
오직 부처님께 의지하여 염불할 뿐이네.
부처님께서 광명을 비춰 보호하시니
몸과 마음이 안온하고
나와 남이 모두 제도되는구나.
염불을 몰랐다면 지옥에 떨어졌으리.
삼악도를 전전하며
어느 때나 구제될 수 있을 것인가?
염불공덕 불가사의하니,
모두 아미타불의 대비 원력이네.
- 『염불감응견문기』 저자 혜정스님 게송

6. 정토행자들의 관점에서 「장기기증」에 대한 입장은 무엇이며, 언제 기증하는 것이 가장 적합하다고 생각하는가?

【대답】 불교를 배우려면 수증도경(修證途徑: 수행의 순서와 경로)을 분명하게 연구해야 하고, 대승의 보살행을 닦으려면 진정한 대승의 보살도를 제대로 이해해야 한다. 만약에 이치를 잘 모르고 맹목적으로 앞으로 그냥 나아간다면 열에 다섯 쌍은 잘못 될 것이다.

대승의 수행자를 말하자면, 비록 처음부터 대보리심을 발하여 모든 중생을 구제하고자 하는 서원을 세우지만 발원은 얼마든지 높고 원대[高遠]하고 넓고 크게[廣大]하더라도 실행에 있어서는 여전히 차제에 따라 차근차근 나아가야 한다. 이른바 "자신을 제도한 뒤에 비로소 남을 제도할 수 있고, 자신도 구제하지 못하면서 남을 구제한다는 것은 전혀 이치에 맞지 않다"는 것이다.

예컨대, 물에 빠진 사람을 발견했을 때 자신도 수영을 할 줄 모르면서 무작정 물에 뛰어들어 사람을 구하려 한다면 함께 빠지는 결과만 있을 뿐이다.

따라서 보살은 큰 마음(보리심)을 일으키고 나서 먼저 개인수행에 몰두해야 하며, 견사번뇌를 끊어서(최소한 견번뇌를 끊어야 함) 다시는 삼계의 고해(苦海) 속에 침몰하지 않을 때까지 이해와 실천을 함께 병행하여 나아가고[解行幷進], 계율과 교법에 모두 급하며[戒乘俱急: 계를 엄중히 가지며 부처님의 교법 듣기를 좋아함] 지와 관을 동시에 닦고[止觀雙修] 선정과 지혜를 균등히 해야 한다[定慧均等]. 이때서야 비로소 물에 빠진 중생을 건지겠다는 말을 할 수 있을 것이다.

정토행자가 정토왕생을 하려는 것은 빨리 견사번뇌를 끊고 신속히 무생법인을 성취하여 신통과 도력을 갖춘 다음에 다시 원력의 배를 타고 와서 널리 중생구제를 하고 모든 중생들에게 자비의 배가 되기 위함이다.

따라서 「임종」의 정념은 부처님을 뵙고 왕생을 결정짓는 대단히 중요한 순간이므로 정토행자는 있는 힘을 다하여 정념을 보호하고 유지하며 지혜롭게 위로하고 인도해야 한다.

그래서 정토행자들은 이 중요한 순간에 장기를 채취

하고 심신을 번거롭게 움직이는 것을 주장하지 않는다는 것이다. 만약 자비심이 넘쳐서 간절히 장기기증을 원하는 사람에게 장기기증을 하고자 한다면, 마땅히 신체가 건강하고 정신력이 강할 때 수술을 받아야 할 것이다.(예컨대 두 신장 중에 하나를 기증함) 이것이 요즘 말하는 「생체기증」이다.

그리고 과학이 발전한 요즘에는 「인조장기」를 사용하는 추세로 나아가는 듯한데, 만약에 순조롭게 진전이 된다면 인체장기의 부족에 따른 문제들도 해결될 것이다.

7. 근래에 「임종」시에 장기기증을 주장하지 않는 정토종에 대하여 많은 사람들이 비난을 하고 있는데 어떻게 보시는가?

【대답】 요즘 사람들은 어떠한 깨달음과 증득도 없을 뿐만 아니라 교리조차 제대로 알지 못한다. 게다가 임종자들을 위한 조념과 위로, 지도에 대한 실무경험도 부족하다. 그럼에도 불구하고 삿된 견해는 깊고도 견고하고, 아만의 산은 하늘같이 높아서 늘 혼자 똑똑한 척하면서 함부로 주장을 내세워 정토종의 고덕들이 정토의 교법을 널리 전하려는 법도를 무시하고 있다.

정토종의 조사들은 교리에 밝을 뿐만 아니라 깨달음이 심원하고, 실제로 조념과 위로, 지도에 직접 참여하여 경험이 풍부하고 견문이 넓으므로 정토종의 이(理)와 사(事)에 대하여 주도면밀하게 철저히 연구하셨다는 사실을 그들은 모르고 있다.

천백년이래 대대로 전승되고 홍양(弘揚)되어 완비된 정토종의 체계가 형성되었다. 이 점은 절대 요즘의 범부들이 함부로 헤아리고 의논할 수 있는 것이 아니다.

속담에 "업종이 다르면 산이 가로막혀 있는 것과 같다[隔行如隔山]"는 말이 있다. 그런데 하물며 아직 입행(入行: 취직함)조차 못하고 행문(行門) 밖에서 배회하는 사람이겠는가! 따라서 우리는 진실로 신중히 생각하고 명확히 판단하여 법을 택할 수 있는 안목을 갖춰야 할 것이다.

정토종 고덕들의 은혜로운 덕택[恩澤]이 이처럼 망극할진데, 만약 역대 조사대덕들이 힘써 닦고 홍포하지 않았다면 오늘날 우리가 어떻게 정토의 바른 길을 알고 수승한 이익을 얻을 수 있겠는가!

그래서 매번 불칠법회를 마치고 나면 항상 일심으로 시방제불과 역대 조사스님들께 정례를 하는 것에는 참으로 깊은 뜻이 담겨 있는 것이다. 하지만 오직 진정으로 이익을 얻은 자만이 비로소 진심으로 그 은혜에 감사할 수 있다. 고덕의 말씀에, "무간지옥의 업을 짓지 않으려면 여래의 바른 법륜을 비방하지 말라" 라는 말씀이 있다.

　석가여래 일대기의 성스러운 가르침 중에 정토법문의 유통을 극력 권장하고 찬탄하셨으니, 참으로 "수많은 경론의 도처에서 (정토로) 돌아갈 것을 가리키고, 앞선 성현들이 저마다 (정토를) 향하여 나아가는구나."

　받들어 권하건대, 요즘 사람들은 자신이 정토와의 인연이 무르익지 않아서 정토왕생을 원치 않으면 그만이지만 절대 멋대로 비방하고 헐뜯거나, 전문가를 사칭하여 함부로 법도를 바꿔서는 안 된다. 만약 이를 듣지 않고 중생의 혜명(慧命)을 해친다면 그 죄보는 끝이 없을 것이다. 그러나 "고민을 안 해본 사람에게 고민을 말하지 말라. 고민을 말해본들 어찌 알랴!"라는 말이 있으니, 모든 사람들이 "고민을 알기(知愁)"를 간절히 바라는 바이다.

저 나라에 왕생하려면 반드시 많은 선근과 많은 복덕이 있어야 한다.
지금 명호를 지님은 선근 가운데 선근이고, 복덕 가운데 복덕이다.
명호를 굳게 지녀 아미타불을 친견하고자 원하는 것이
진실로 많은 선근이자 최고로 수승한 선근, 불가사의한 선근이다.

欲生彼國 , 須多善多福. 今持名 , 乃善中之善 , 福中之福.
執持名號 , 願見彌陀 , 誠多善根 `最勝善根 `不可思議善根也.
– 연지대사의 『불설아미타경 소초』 중에서

임종 전에
알아야 할 일

임종 전에 알아야 할 일

환자가 병원에 있더라도 임종이 가까워져 산소 호흡기를 착용한다던지 더 이상 치료에 의미가 없는 상태라면 환자의 입장에서 볼 때 본인이 머물던 곳 즉, 자택이 가장 편안하고 좋은 곳입니다. 자택이나 자녀들의 집이 환자로서는 병원보다 훨씬 안정적이고 편안할 것입니다.

임종 전에 집으로 모시는 일은 매우 중요한 일입니다. 만약 병원에 있다가 임종을 맞는 경우에는 숨이 멎고 의사의 사망 싸인이 나면 곧바로 병원 영안실로 옮겨지는데, 영안실은 그야말로 냉동고입니다. 위에서 밝힌 바와 같이 임종자가 숨이 멎은 후에도 수 시간이나 식이 머무르기 때문에 차가운 냉동고에 안치 하는 경우 극심한 한빙(寒氷)의 고통을 느낀다는 것입니다.

만약에 여러분을 산채로 냉동실에 넣는다고 가정해 보십시오. 그 고통을 감당할 수 있겠습니까? 우리 불자님들은 이 부분을 매우 중요하고 두렵게 생각해야 할 것입니다.

임종하는 분이 우리들의 작은 잘못으로 큰 고통을 겪는 일을 우리는 간과해서는 안 될 것이며, 여법하게 조념염불(도움염불)을 하였을 때에 우리 자신들도 그 언젠가 생(生)의 마지막 순간에 다른 분들의 세심한 배려 속에서 조념염불을 받으며 행복하고 편안한 상태에서 부처님 품으로 떠나게 되기를 바랄 수 있을 것입니다.

살아계실 때에 염불하는 사전(死前) 조념은 매우 중요합니다. 임종자가 직접 신심으로 염불할 수 있는 기회이며, 임종직전에 있는 사람이라면 그 어느 때보다도 마음이 절실하기 때문에 염불을 간절하게 할 수 있을 것이며 그렇게 하기 위해서는 아미타부처님의 본원력과 극락정토에 대해서 알려드리고 그곳에 가서 나기를 발원하고 염불하도록 이끌어야 합니다.

불·법·승 삼보에 귀의하게 하고 가족들은 슬픈 기색을 내지 말며 임종자가 살아 있을 때에 행했던 선행이나 노고에 대하여 감사의 말을 하며 세상일들에 대해서 조금도 염려하지 않도록 하고 가족과 조념불자들은 다함께 교대로 돌아가며 염불해야 합니다.

임종 후에는 8시간 이상 지난 후에 친족들에게 알리도록 하고 조념염불에 방해되지 않도록 염불에만 힘을 쓰며, 임종자가 임종 후에는 조념염불을 마칠 때까지 만지거나 옮겨서는 안 되며, 임종시 자연스런 모습 그대로 두고 염불하여야 합니다.

병원에서 환자를 집으로 모시는 시기를 놓쳐서 병원에서 임종을 맞이하였을 경우에는 그 자리에서 가능하면 조념염불을 병원에서 허용하는 시간까지 하고, 병원에서는 임종자를 환자용 침대에서 영안실용 침대로 옮겨서 장례식장으로 가게 되는데, 이때에는 임종자를 만지지 말고 침대의 담요를 양쪽에서 여럿이 조심스럽게 들어서 영안실용 침대로 옮기도록 하고, 병원이나 장례식장에 상의하여 조념염불을 할 수 있는 장소를 알아보고 가급적 오랜 시간(가능하면 8시간)을 임종 후의 조념염불을 하도록 해야 합니다.

조념염불 시간이 다 끝나고 나면 망자를 장례식장으로 모시면 될 것이고 만약 염할 때에 시신의 팔 다리 등이 굳었을 때에는 수건을 뜨거운 물에 적셔서 굳어 있는 관절부위에 올려주면 부드러워져서 염할 때에 어려움이 없어집니다.

요즘은 병원에서 영안실에 모시게 되면 시신이 굳으면 염하기가 어렵다고, 사후 그날 또는 그 다음 날이라도 서둘러서 염을 하는 것이 관행처럼 되어있습니다. 참으로 안쓰럽고 안타까운 일이 아닐 수 없습니다.

그리고 저의 경험으로는 임종시에 조념염불을 여법하게 하고 나서 망자를 장례식장의 영안실에 모시고 다음 날 염을 하였을 때에는 관절이 살아 있는 사람과 같이 부드러워서 장례지도사가 염을 하는데 전혀 어려움이 없었다고 나중에 유족들이 전해 주었습니다.

조념염불하는 불자님들은, 임종하시는 분을 위하여 염불하지만 궁극적으로는 자신들을 위한 수행이며 공덕이

요, 극락정토로 가는 여비를 마련하는 것이며 조념자가 임종하게 되는 순간에 조념염불을 받을 수 있는 큰 인연을 심는 것이니 그 어떤 말로 표현할 수 없는 중요하고 큰 수행과정으로 볼 수 있습니다. 본인은 10여 년간 임종전의 조념이나 조념염불을 하며 만난 임종하신 분들을 통하여 참으로 많은 행복감과 부처님께서 세우신 원력이 얼마나 대자대비 하신지를 경험하게 되었습니다.

조념 발생시에 도심이나 가까운 거리에는 문제가 되지 않지만, 혹여 시골이거나 먼 거리에 조념 발생시 염불행자님들이 가시게 될 때에는 염불불자님들의 식사문제를 해결하기에 미리 김밥을 준비해서 가는 것이 좋았습니다. 제주 분들은 경황이 없는 터에 불자님들 공양 준비까지 해야 하는 번거로움을 미리 없애주는 것입니다. 직접 준비하지 않아도 김밥집에 야채김밥으로 부탁해서 넉넉히 준비하면 제주 분들도 챙겨 드릴 수 있습니다.

그리고 간혹 두 세 시간 먼 거리에서 조념 발생시에는 먼 거리에 있는 염불행자님들이 도착하는데 걸리는 시간이 있으니까 평소에도 최소한 30분 이내 가까운 곳에 계시는 불자님들끼리 수행모임을 구성하고 불자님들이 먼저 도착하여 조념염불이 끊이지 않도록 힘을 모아주시면 좋겠습니다.

조념염불 모임은 그 어떤 조건이 필요치 않고 일상생활화 하여 우리 모두가 조념염불인이 되어주고 우리 누구나 임종시에 조념을 받을 수 있는 세상에서 가장 중요하고 큰 공덕이 되는 수행모임이라 생각합니다.

부처님께서 말씀하시기를 전생에 나의 부모형제가 아니었던 사람이 없다고 하셨습니다. 부처님의 가르침에 너와 나가 없다고 하셨으니 **임종하시는 분의 조념염불에 동참하는 것은 곧 나의 부모형제의 조념염불을 하는 것이며, 나를 조념염불 하는 것과 같다**고 할 수 있을 것입니다.

조념염불을 받고 임종하는 분이 부처님의 접인을 받아 서방정토에 왕생하셨을 때 미래세의 부처님이 나시는 것이므로 이보다 더 큰 대작불사는 없을 것입니다. 그리고 서상을 보여주신 왕생사례가 일반인들에게 널리 알려지면 불교의 포교는 저절로 이루어질 것입니다.

　우리나라 불교계가 모든 종파와 종단을 초월하여 힘을 합하여 조념염불이 전국 방방곡곡에서 활성화 되면 불자라면 누구나 꿈꾸는 청정불국토는 우리 앞에 찬란하게 현실로 나타날 것이라고 확신합니다.

　청정불국토로 가는 길을 함께하실 원력보살님들의 동참을 지극한 마음으로 발원합니다!

　나무아미타불 ()()()

유언장 작성에 대하여

　염불행자님들이나 임종자 등이 미리 준비해둘 것은 유언장을 미리 작성해서 가족들이 알 수 있도록 하는 것입니다.

　내용은 대략 다음과 같이 하되 개인적으로 필요한 것이 있으면 추가하면 될 것입니다.

*** 유 언 장 ***

一. 그 어떤 경우라도 집에서 임종하게 해 줄 것.

一. 임종 시에 슬퍼하며 나의 마음을 흔들지 말 것.

一. 임종 후 염불행자와 가족들만 알고 친족들에게는 조념염불이 끝나고 알릴 것.

一. 임종 후 조념염불이 끝날 때까지 시신을 만지거나 옮기지 말고, 조념염불을 해주고 난 다음에 장례를 치를 것.

一. 장례 시 검소하게 부처님 법에 맞도록 하고, 절약한 비용으로 아무리 약소하더라도 경전 법공양 공덕을 지어 줄 것.

一. 임종 후 제사 음식도 불교식으로, 채식으로 준비할 것.

一. 시신은 화장해 줄 것.

一. 극락왕생의 징후가 나타나지 않는 한 반드시 49재를 지내 줄 것.

서기   년 월 일

유언장   서명 (인)

조 념 의 식

'나무아미타불' 염불은 굳이 부처님을 청하는 거불을 하지 않아도 부처님께서 빠짐없이 섭수하십니다. 대중들이 모였을 때는 거불, 삼귀의 순서로 하고 조념을 받을 분이 임종직전으로 상황이 긴박하면 바로 '나무아미타불' 조념염불을 시작하시면 됩니다.

임종 전의 조념인 경우

거 불
나무 극락도사 아미타불 (절)
나무 좌우보처 관음세지 양대보살 (절)
나무 일체청정 대해중 보살마하살 (절)

삼 귀 의
거룩하신 부처님께 지심귀의 하옵니다. (절)
거룩하신 가르침에 지심귀의 하옵니다. (절)
거룩하신 스님들께 지심귀의 하옵니다. (절)

(※ 佛法에 처음으로 귀의하는 분으로 상황이 긴박하지 않으면 삼귀의를 두 구절씩 따라서 하도록 합니다.)

염불 시작할 때
나무 서방정토 극락세계 아등도사 무량수 무량광
나무~아미타불 나무~아미타불……

염불 마칠 때
나무~아미타불 나무~아미타불

(마지막 두 소절은 모든 대중이 함께 합창하고)

아미타불 본심미묘진언
다냐타 옴 아리다라 사바하 (3번)

이차인연 공덕으로 서방정토 극락세계 왕생하여
아미타불 친견하고 무생법인 이룬 뒤에 한량없는
보살도를 행하여서 무량중생 제도하여지이다.

(마침)

임종 후의 조념인 경우

거 불
나무 극락도사 아미타불 (절)
나무 관음세지 양대보살 (절)
나무 대성인로왕보살마하살 (절)

삼 귀 의
거룩하신 부처님께 지심귀의 하옵니다. (절)
거룩하신 가르침에 지심귀의 하옵니다. (절)
거룩하신 스님들께 지심귀의 하옵니다. (절)

염불 시작할 때
나무 서방정토 극락세계 아등도사 무량수 무량광
나무~아미타불 나무~아미타불……

염불 마칠 때

나무~아미타불 나무~아미타불

(마지막 두 소절은 모든 대중이 함께 합창하고)

아미타불 본심미묘진언

다냐타 옴 아리다라 사바하 (3번)

이차인연 공덕으로 서방정토 극락세계 왕생하여
아미타불 친견하고 무생법인 이룬 뒤에 한량없는
보살도를 행하여서 무량중생 제도하여지이다.

이어서 시간이 허락되면,

『아미타경』을 독송하고 『무상계』와 『영가 전에』를
독송하거나,

경우에 따라 『무상계』와 『영가 전에』 또는 간략하
게 『반야심경』만 독송할 수도 있습니다.

나무서방정토 극락세계 삼십육만억 일십일만 구천오백
동명동호 대자대비 아미타불 나무서방정토 극락세계
불신장광 상호무변 금색광명 변조법계 사십팔원
도탈중생 불가설 불가설전 불가설 항하사 불찰미진수
도마죽위 무한극수 삼백육십만억 일십일만 구천오백
동명동호 대자대비 아등도사 금색여래 아미타불 나무
문수보살 나무 보현보살 나무 관세음보살 나무
대세지보살 나무 금강장보살 나무 제장애보살 나무
미륵보살 나무 지장보살 나무 일체청정 대해중보살
마하살 원공법계제중생 동입미타대원해 시방삼세불
아미타제일 구품도중생 위덕무궁극 아금대귀의
참회삼업제 범유제복선 지심용회향 원동염불인
진생극락국 견불요생사 여불도일체 원아임욕명종시
진제일체제장애 면견피불아미타 즉득왕생안락찰
원이차공덕 보급어일체 아등여중생 당생극락국
동견무량수 개공성불도

(마침)

부처님께서 아난과 위제희 부인에게 말씀하셨다.

"하품하생 하는 이란 매양 악업을 짓는 중생으로서, 오역죄와 십악 등 가지가지의 악업을 지어 그 무거운 죄업의 과보로 응당 지옥, 아귀, 축생 등 삼악도에 떨어져 오랜 겁 동안 한량없는 괴로움을 받을 사람을 말하느니라. 그러나 이와 같은 어리석은 사람도 목숨이 다하려 할 때 선지식을 만나게 되어, 선지식이 그를 위하여 여러 가지로 안위하여 주고 미묘한 법문을 들려주어 지성으로 부처님을 생각하도록 가르쳐 주느니라.

그러나 그는 괴로움이 극심하여 부처님을 생각할 경황이 없느니라. 그래서 선지식이 다시 그에게 "그대가 만약 부처님을 생각할 수가 없다면 다만 아미타불을 부르도록 하여라."라고 타이르느니라.

그래서 이 사람이 지성으로 소리를 끊이지 않고 아미타불을 열 번만 온전히 부르면 그는 부처님의 명호(이름)를 부른 공덕으로 염불하는 동안에 80억겁 동안 생사에 헤매는 무거운 죄업을 없애느니라. 그리고 목숨을 마칠 때는 마치 태양과 같은 찬란한 황금의 연꽃이 그 사람 앞에 나타나 그는 순식간에 바로 극락세계의 보배연못 연꽃 속에 태어나느니라."

- 『불설 관무량수경』 중에서

임명종시에 '나무아미타불' 염불하는 공덕으로 80억겁의 생사중죄를 소멸하고, 아미타 부처님께서 보살성중님과 함께 나투시어, 염불하며 임종하는 불자를 접인 하시는 가슴 떨리는 감동의 순간을 함께하지 않으시겠습니까?

나무아미타불 〇〇〇

어머니의 왕생

곽정암(郭靜岩)거사

　저의 어머니께서는 갑술생으로 2013년 올해에 연세가 80세인데, 올해 5월부터 건강이 나빠져서 여러 병원을 전전하며 입원과 퇴원을 반복하셨는데 차도가 없이 점점 상태가 안 좋아져서 요양병원에 모셨습니다. 10월 22일 밤 11시 30분 쯤 요양병원에서 저에게 전화가 와서 어머니의 상태가 좋지 않으니 와 보라고 하였습니다. 즉시 병원으로 가 보니 어머니는 산소를 코에 달고 있었으며 폐에서 물이 올라와서 입에서 흡인기로 물을 수시로 뽑아내는데 어머니는 몹시 고통스러워 보였습니다.

　병원에서 이제는 더 이상 가망이 없다고 하시기에 "임종 후 10시간은 염불을 해 주어야 되는데, 요양병원에서 가능하겠느냐?" 고 병원장 선생님께 물으니, 병원에서는 법적으로 2시간을 넘길 수 없다고 하면서 시신의 부패나 감염 등 문제점이 제기 될 수 있으므로 곤란하다고 하며 "임종하고 2시간이 지나면 물이 됩니다." 라고 하셨습니다. 즉 시신의 부패가 시작되어 물이 나온다는 뜻으로 말씀하셨습니다. 임종까지의 시간이 얼마나 남은 것 같으냐고 물으니 그것은 아무도 알 수가 없다고 하며 며칠이 갈지 바로 임종할지 알 수 없다고 하였습니다.

그래서 어머니를 집으로 모시겠다고 하니 구급차를 불러 주겠다고 하였습니다. 저는 집으로 와서 '나무아미타불' 염불CD와 카세트, 옷가지 등을 챙기고 처와 같이 요양병원으로 가면서 두 동생들에게도 연락을 하여 요양병원으로 오라고 하고 요양병원에 도착하니, 벌써 구급차가 와서 대기를 하고 있었습니다. 동생들은 각자 시골집으로 출발하라 하고 저와 처는 어머니를 구급차에 모시고 산소를 코에 연결하고 시골집으로 가면서 '나무아미타불' 염불을 계속하면서 어머니의 상태를 지켜보았는데 계속 폐에서 물이 올라 와서 구급차에 같이 타고 있는 간호사가 수시로 흡인기로 폐에서 올라오는 물을 빼

주었습니다.

　30분 정도 달려서 시골집에 도착하여 평소에 부모님께서 사용하셨던 온돌방이 차가워서 방바닥에 이불 3개를 깔고 하나는 덮어서 어머니를 모셨습니다. 어머니는 입에 고이는 물을 빼내기 위한 호스를 넣을 수 있는 마우스피스 같은 것을 반창고로 붙이고 계셨는데 방향이 입의 왼쪽 방향이라서 머리를 북쪽으로 하고 서쪽을 바라볼 수 있도록 하려고 보니 마우스피스가 입의 높은 쪽에 위치하여 입에 고이는 물이 나오기가 어려워 보여서 머리를 남쪽으로 발이 북쪽을 향하도록 눕혀 드리고 서쪽을 바라 볼 수 있도록 베개를 베어 드리고 얼굴이 서쪽으로 향하도록 해 드렸습니다.

　그리고 저의 처와 두 동생 부부에게 두 마디씩 교대로 염불하는 방법을 간단히 설명하고 어머니가 임종하시면 절대 울지 말고 8시간에서 10시간을 염불할 것이며, 임종하신 후에는 절대로 어머니의 몸을 만지지 말 것 등의 주의사항을 알려주고 시간을 보니 새벽 2시였습니다. 시간이 너무 늦어 스님께 연락을 드릴 수가 없어서 아쉬운 마음이 들었지만 모든 것은 인연에 맡기고 오직 조념염불에 집중하기로 마음을 먹었습니다.

나무아미타불 염불CD를 카세트에 넣고 스님께서 '나무아미타불 나무아미타불' 두 마디 염불을 선창하실 때 듣고 후렴에 맞춰서 '나무아미타불 나무아미타불' 두 마디 염불을 하며 저의 삼형제 부부가 어머니의 조념염불을 시작하였습니다. 조념염불을 하면서 어머니를 계속 지켜보았는데 구급차에 실려 오실 때까지는 산소를 코에 연결하고 왔지만 집에서는 산소를 뺀 상태라서 호흡이 더 가빠진 것 같았고 입에서는 폐에서 올라오는 피가 섞인 물이 수시로 숨을 내쉴 때마다 넘어와 입 아래에 휴지를 대 놓고 휴지가 젖으면 갈아 드리고 하였습니다.

동생들에게는 시간이 늦어 피곤한 것 같아 2~3명이 지키며 조념염불을 하고, 다른 방에 가서 좀 쉬고 교대로 조념염불을 하자고 하였습니다. 어머니는 조념염불을 하기 전에는 곧 임종할 것 같이 호흡이 가쁘고 입에서도 계속 피가 섞인 물이 넘어 오더니, 조념염불을 시작하고 얼마 지나지 않아서 점차로 숨이 편안해졌고 새벽이 가까워질 때쯤에는 입에서 피가 섞인 물도 거의 넘어오지 않고 멈춰 편안해 보이며 고통이 없는 것으로 보였습니다.

어머니의 상태를 계속 지켜본 저로서는 '나무아미타불' 염불을 하니 아미타 부처님께서 함께 하신다는 것을 그대로 느낄 수 있었습니다. 저는 나무아미타불 염불을 듣고 어머니가 위급한 상황에서 벗어나 임종하시기까지 며칠이 걸릴 수도 있겠다는 생각을 하였습니다.

그리고 스님께 전화를 드려서 어머니께서 병원에서 위험한 상황이었는데 집으로 모셔서 조념염불을 해 드리니 상태가 위급한 상황을 벗어난 것 같다고 말씀드리고, 어머니께서 임종이 임박하지 않은 것 같은데 어떻게 하면 좋을지 여쭈어 보았습니다.

스님께서 말씀하시기를

"지금이 가장 중요한 순간으로 의식이 없으시더라도 아미타 부처님께서 본래 세우신 원력에 의지하고 염불해

드리는 것이 급선무이며 최선입니다."

"예, 스님 잘 알겠습니다."

"제가 도와 드릴 일이 있습니까?"

"스님께서 지금 오셔서 조념염불을 해 주시면 감사하겠습니다."

"예, 알았습니다."

시골집까지는 승용차로 1시간이 넘게 걸리는 거리인데, 스님께서는 모든 일정을 취소하시고 불자님들에게 전화를 드려서 저의 어머니 조념을 하러 가는데 동참할 수 있는지 여쭈어 보았다고 합니다. 다른 스님께서는 예불도 뒤로 미루고 두말없이 승낙을 하셨고 스님의 승용차로 보살님들을 절과 직장과 집으로 찾아가서 차에 태워서 신속하게 저의 집으로 출발을 했다고 하셨습니다.

모든 일정을 취소하고 오신 스님과 처음 뵙는 두 분의 보살님께 감사의 인사를 드렸습니다. 스님의 주재로 방의 앞쪽에 아미타 부처님의 불화를 모시고 향을 올리고 삼귀의로 예불을 올린 후 바로 조념염불을 시작하였습니다.

　스님께서는 조념염불을 하시며 중간에 저의 어머니가
사바세계의 모든 애착을 놓고 염불하여 극락왕생 하시기
를 권하는 법문도 해 주셨습니다. 법문을 들으신 어머니
께서는 눈을 뜨거나 움직이지는 못하였지만 눈물을 흘리
는 것을 보았다고 스님께서 말씀하셨습니다. 그리고 스
님께서는 제가 예전에 지장보살님께 기도한 인연을 아시
기에 나무아미타불 염불 도중에 '나무지장보살' 염불도
해 주셨습니다.

　스님과 두 보살님의 순서로 저의 어머니 앞에 앉아서
조념염불을 하셨는데 도중에 보니 저의 어머니가 다시
폐에서 올라오는 피가 섞인 물이 숨을 내쉴 때에 수시
로 올라와서 법요집의 표지에 피가 섞인 물이 튀고 법
복에까지 튀어도 태연하고 온화한 모습으로 조념염불을
하시어서 제가 너무 죄송했지만, 기도 중에 말씀도 드리
지 못하고 어머니의 입 앞에 휴지통을 놓아서 더 이상
피가 섞인 물이 튀지 않도록 해 드렸습니다.

스님께서는 오전 11시에서 오후 3시까지 저의 어머니를 위하여 지극한 정성으로 조념염불을 해주시고 두 분 보살님이 일이 있어서 3시에 가보셔야 한다고 하셨습니다. 스님께서 가시기 전에 저에게 법요집을 1권 주시기에 "조념염불 중에 피가 섞인 물이 튄 법요집을 저에게 주십시오."라고 말씀드리니 "그것은 스님용이라서 줄 수 없습니다."라고 하시며 전혀 개의치 않으시는데 그저 죄송한 마음뿐이었습니다.

나중에 보살님이 카페에 올린 글을 보았습니다.

'저희가 첨에 뵈었을 때 창백한 모습이었는데 중간에 염불하다 보니 복수를 토혈하는 고통스런 광경에서도 얼굴빛이 연분홍색을 띠며 본얼굴 색으로 되돌아와 있었습니다. 저는 그 모습이 얼마나 예뻐 보이는지 기쁨이 넘치고 신심이 넘쳐 염불하는 내내 부처님이 나투시어 계심을 느꼈습니다. 환희심이 솟구치어 지금 생각해도 구름 위에 앉아있는 듯한 묘한 기분입니다.'

글을 보고 나니 법요집에 피가 섞인 물이 튀고 입고 오신 법복에까지 튀어도 태연하고 온화한 모습으로 조념염불을 하신 그 상황이 이해가 되었습니다.

그리고 어머니 초재에 참석하러 갔을 때 스님께서 법요집은 표지를 닦지 않았는데도 피가 섞인 물이 튄 얼룩이 말끔히 지워졌다고 하시며 저에게 보여 주셨는데 아무리 자세히 살펴보아도 얼룩의 흔적을 전혀 찾아 볼 수 없었으며 표지가 깨끗하였습니다.

저의 아버지께서도 건강이 위중하시고 병원 약을 드시고 계신데 마침 약이 다 떨어져 가고 어머니가 임종 직전이라 아버지까지 신경 쓰기가 어려워서 저의 처에게 아버지가 다니시는 병원에 들러서 약을 타고 아버지는 어머니가 계시던 요양병원에 잠시 모셔다 드리고 오라고 하였습니다.

막내 동생 부부와 저의 처는 볼일을 보러 나가고 바로 아래 동생과 제수씨하고 셋이서 조념염불을 계속하다 보니 방이 조금 더운 듯하여 어머니를 보니 얼굴에서 땀이 나기에 몸을 만져보니 몸에서도 땀이 나서 어머니

를 이불채로 윗목으로 이동하고 덮은 이불을 조금 벗겨
드리고 아궁이에 가서 타고 있는 장작을 꺼내서 물을
붓고 아궁이에도 물을 조금 뿌려서 불이 꺼지도록 하였
습니다.

   아궁이에 불을 끄고 나오는데 스님께서 전화가 와서
통화가 조금 길어졌습니다. 통화를 마치고 현관으로 들
어가서 방으로 들어가려고 하는데 제수씨가 방문을 열고
나오며 오라고 손짓을 하는 것이었습니다. 바로 방으로
들어가서 보니 **동생은 조념염불을 하고 있고 어머니는
왼손을 들어서 서쪽을 가리키고 있는 것이었습니다.** 저
는 깜짝 놀라서 염불을 하며 어머니를 보고 있었는데
숨은 멈춘 상태였습니다. 어머니의 임종도 지키지 못한
것이 아닌가하여 가슴이 철렁하였습니다. 잠시 후에 어
머니께서 '후' 하고 숨을 내쉬며 왼손을 내려놓았습니다.
그러고는 다시는 호흡을 하지 않으시어 마지막 임종의
순간이었습니다. 핸드폰의 시간을 보니 어머니의 임종
시각은 10월 23일(음력 9월 19일) 오후 6시 2분이었습
니다.

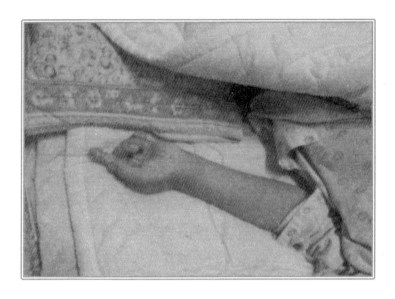

어머니께서는 요양병원에서도 눈을 뜨지 못하고 몸을 스스로 움직이지 못하며 말을 하면 알아듣고 간신히 대답하는 정도로 의식만 깨어있는 상태였는데 '어떻게 임종 직전에 손을 들어서 서쪽을 가리킬 수 있었을까?' 이렇게 생각하며 조념염불을 계속하다가 내려놓은 어머니의 손을 보니 왼손 두 번째 손가락으로 서쪽을 가리키고 있는 것이 아니겠습니까!

업장 두터운 미욱한 중생은 어머니께서 임종하시며 아미타 부처님의 접인을 받아 서방극락정토로 왕생하시는 순간을 눈을 뜨고도 알지를 못하였습니다.

　저는 스님께 즉시 문자로 "스님 어머니께서 지금 편안히 임종하셨습니다. 나무아미타불_()_"

　이렇게 알려드리고, 조념염불을 계속하다가 내려놓은 어머니의 손을 보고 "스님 저의 어머니께서 **왼손 둘째 손가락으로 서쪽을 가리키며 임종하셨습니다. 나무아미타불_()_**"

　이렇게 다시 문자를 드리니 '나무아미타불 부처님 감사합니다. 염불해주세요 나무아미타불.' 이렇게 답신을 주셨습니다. 저는 당시에 경황이 없어서 검지가 생각이 안 나서 문자에 둘째 손가락이라고 하였습니다.

　스님께서는 오후 3시까지 조념염불을 해 주시고 5시 반 쯤에 도착하시어 조금 후에 저의 문자를 받으시고는 쉴 틈도 없이 다시 출발하신다고 문자를 주셨습니다.

　나중에 임종직전에 어머니께서 팔을 들어서 서쪽을 가리키는 순간을 제수씨에게 자세하게 물어 보았는데, 어머니께서 호흡이 가빠지고 손을 힘들게 들어 올려서 제수씨가 어머니의 손을 잡아드렸다고 하였습니다. 그리고 밖에 나간 저에게 알리려고 나오다가 거실에서 저를 만나서 저는 바로 방으로 들어가서 어머니께서 왼손을 들어서 서쪽을 가리키고 있는 장면을 목격하였습니다.

　동생은 잠이 부족하여 졸려서 눈을 감고 염불을 하고 있었는데 제수씨가 알리는 소리에 눈을 떠보니 **어머니는 왼손을 들어서 서쪽을 가리키며 감고 있는 눈에서 눈물을 흘리고 있는 모습을 보았다**고 하였습니다. 어머니께서 임종직전에 왼손을 들어서 서쪽을 가리키고 있는 장면은 저와 동생 그리고 제수씨 이렇게 3명이 목격한 사실입니다.

　스님께서 불자님과 같이 다시 오시고 스님의 주재로 조념염불을 시작하고 저의 처와 막내 동생 부부도 모두 돌아와서 같이 조념염불에 동참하였습니다. 아미타 부처님의 접인을 받아 서방극락정토로 왕생하시는 순간을 눈을 뜨고도 알지를 못한 눈 뜬 장님인 저는 조념염불 도 중에 태산 같은 업장을 탄식하며 서러워서 흐르는 눈물을 감추지 못하였습니다.

이후에 도착하신 스님들과 불자님들 그리고 저의 가족들이 모두 모여서 조념염불을 하고 새벽 3시에 조념을 마치고 조념염불을 해 주신 두 분의 스님과 거사님, 보살님들이 떠나신 후에 서쪽을 가리키고 계신 어머니의 왼손을 핸드폰으로 사진을 찍으며 다시 보니 엄지와 검지로 서쪽을 가리키고 계시는 것이었습니다.

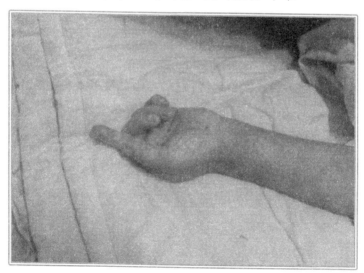

어머니께서 임종하신지 12시간이 지나서 어머니의 손
곁에 있던 베개를 치우고 한 번 더 핸드폰으로 사진을
찍어 두었습니다. 아침이 되어서 가까운 친척 분들에게
전화를 드려서 어머니께서 23일 오후에 임종하셨다고
알려드렸습니다.

24일 아침 8시쯤에 구급차가 와서 어머니를 장례식장
으로 모시기 전까지도 물이 나오거나 그런 문제는 전혀
없었습니다. 계절이 10월 하순이라 덥지가 않아서 그랬
는지는 모르겠습니다.

장례식장으로 떠나면서 동네의 이장님께 전화를 하여
저의 어머니의 임종소식을 방송해 달라고 하고, 어머니
를 장례식장에 모셨습니다. 장례식장에서 오후 3시쯤 장
례지도사가 어머니의 염을 해 드리는데 가족이 모두 동
참하여 염이 끝날 때까지 염불을 해 드렸습니다. 장례식
장이 조금 외진 곳이었고 마침 다른 일행이 없어서 염
불을 하는데 눈치를 보지 않고 마음 편하게 할 수 있었
습니다. 저녁에 장례지도사에게 저의 어머니 염을 하는
데 문제가 없었는지 물어 보았는데 **염을 하는데 몸이**

굳지도 않고 관절이 부드러워서 아무 문제가 없었다고 하였습니다.

 장례식장에서 어머니께 올리는 상식은 모두 채식으로 하고 술 대신에 음료수를 올렸습니다. 조문을 오시는 분들께도 모두 채식으로 하려고 하였지만 가족들의 반대도 있고 채식으로 하면 조문을 오시는 분들이 먹을 것이 없다고 하실 것 같아서 어머니께 올리는 상식과 저만 채식을 하는 것으로 하였습니다.

 마침 25일에 김천의 시립 화장터가 수리를 한다고 하여 가까운 화장터는 모두 예약이 불가능하고 문경의 시립 화장터가 예약이 되어서 10시에 발인하여 11시에 도착하여 어머니를 화장실로 모시며 "어머니, 불 들어갑니다. 나오세요." 이렇게 3번을 말씀드리고, 옆에 있는 제를 지낼 수 있는 곳에 가서 준비를 하는 동안에 마침 먼저 화장을 마치신 일행이 계시다가 제를 마치고 나가시어 다른 일행이 아무도 없어서 여기서도 마음껏 1시간 가까이 고성으로 염불을 해 드렸습니다.

　화장이 끝나고 ○○납골당에 어머니를 임시로 모시고 어머니께서는 왕생하셨지만 마지막까지 최선을 다하여 어머니께 공덕을 지어 드리고 싶은 마음으로 절에서 49재를 모셨습니다.

　스님께서 차를 대접하시며 말씀하시기를

　"거사님의 어머니께서 눈도 뜨지 못하고 몸을 움직일 수도 없었는데 임종직전에 손을 들어서 서쪽을 가리키며 '지금 여기에 부처님께서 오셨다. 부처님께서 오셨다. 나는 서방정토로 간다.'고 알려주고 임종하시며 서상을 보여주신 것은 2013년(불기 2557년) 한국 불교사에 획기적이고 불가사의한 사건입니다." 라고 하셨습니다.

　그리고 『임종염불과 극락왕생』에도 보면 대만에서는 임종하기 전에 조념염불을 7일간이나 해 드린 사례들도 있으며 **사후 조념도 중요하지만 임종전의 사전 조념이 매우 중요하다**고 하셨습니다.

　나무아미타불 _()_

나무아미타불 _()_

나무아미타불 _()_

서방정토 극락세계 아미타 부처님께 오체투지 하오며 감사의 삼배를 올리옵니다.

저의 어머니께서 극락왕생 하실 수 있도록 저를 바른 가르침으로 인도하여 주신 스님들께 감사의 삼배를 올립니다. 그리고 조념염불에 동참해 주신 도반님과 멀리서 마음으로 조념염불을 해 주신 도반님들께도 감사의 인사를 올립니다.

어머니의 임종시에 지킨 것입니다.

1. 어머니께서 임종하시기 전에 집으로 모셨습니다.

2. 임종하시기 전에 스님을 모시고 조념염불을 해드렸습니다.

3. 임종하신 후에도 곡을 하지 않고 조념염불을 하며 12시

간이 지나기 전에는 어머니의 몸을 만지지 않았습니다.

4. 친척들에게는 임종 후 12시간이 지난 후에 연락을 드렸습니다.

5. 운명 시 머리는 북쪽으로 얼굴은 서쪽으로 해야 한다는 것에 얽매이지 않고 어머니께서 폐에서 올라오는 물을 올리기 편하도록 머리를 남쪽으로 하고 얼굴은 서쪽으로 향하도록 해 드렸습니다.

6. 장례식장에서 상식은 채식으로 올리고 술 대신에 음료수로 올렸습니다.

어머니의 임종시에 느낀 아쉬운 점입니다.

1. 어머니를 임종하시기 전에 집으로 모셔서 바로 방을 따뜻하게 해 드리지 못한 것이 아쉬움으로 남습니다. 스님께 여쭤보고 바로 방에 불을 지펴서 따뜻하게 해 드렸는데 임종하시기 전에 땀을 흘리시기에 윗목으로 옮겨 드리고 아궁이의 장작불을 꺼내어 물로 끄고 방에 들어와서 임종하실 때에 뵌 어머니는 얼굴에서 땀이 다 말

라 있어서 임종시에는 춥지도 덥지도 않은 편안한 상태에서 임종하신 것으로 생각되어 그나마 위안을 삼습니다.

2. 임종을 지키는 염불행자는 꼭 필요한 전화라도 1분 이내로 간단명료하게 하고 빨리 끊는 것이 좋을 것으로 생각됩니다. 어머니께서 임종하시기 전에 땀을 흘리시기에 아궁이의 장작불을 꺼내어 물로 끄고 나오다가 조념염불을 해 주시고 절로 돌아 가셔서 전화를 주신 스님과의 통화가 길어져서 어머니의 임종을 가까스로 지킨 것은 아쉬움으로 남습니다. 그리고 가능하면 밖의 일은 다른 분에게 맡기고 자리를 지키며 조념염불에 전념하는 것이 좋으리라고 생각합니다.

3. 저는 어머니의 임종시에 아미타 부처님의 접인을 받아 서방극락정토로 왕생한다고 알려 주시는데도 눈 뜬 장님인 저는 눈을 뜨고도 알지를 못하고, 임종하시며 내려놓은 손을 보고 왕생하셨다는 사실을 알고 태산 같은 업장을 탄식하며 서러워서 며칠 동안 가끔씩 혼자 서러워서 울었습니다.

『정토삼부경』에서 3구절을 모셔왔습니다.

- 『무량수경』 상권 법장비구의 48서원 중에서 -

18. 제가 부처가 될 적에, 시방세계의 중생들이 저의 나라에 태어나고자 신심과 환희심을 내어 제 이름(아미타불)을 다만 열 번만 불러도 제 나라에 태어날 수 없다면, 저는 차라리 부처가 되지 않겠나이다. [십념왕생원]

19. 제가 부처가 될 적에, 시방세계의 중생들이 보리심(菩提心)을 일으켜 모든 공덕을 쌓고, 지성으로 저의 불국토에 태어나고자 원을 세울 제, 그들의 임종시에 제가 대중들과 함께 가서 그들을 마중할 수 없다면, 저는 차라리 부처가 되지 않겠나이다. [임종현전원]

『관무량수경』 제16절 하배관(下輩觀)

3. 하품하생(下品下生)에서

그래서 이 사람이 지성으로 소리를 끊이지 않고 아미타불을 열 번만 온전히 부르면, 그는 부처님의 명호(이름)를 부른 공덕으로, 염불하는 동안에 80억겁 동안 생사에 헤매는 무거운 죄업을 없애느니라.

그리고 목숨을 마칠 때는 마치 태양과 같은 찬란한 황금의 연꽃이 그 사람 앞에 나타나, 그는 순식간에 바로 극락세계의 보배 연못 연꽃 속에 태어나느니라.

『무량수경』 하권에서

부처님께서 미륵보살에게 말씀하시기를

"부처님이 이 세상에 출현함을 만나기는 참으로 어려운 일이니라. 또한 여러 부처님의 경전을 얻는 것도 어렵고 설법을 듣는 것도 어려우니라. 그리고 보살행의 위대한 법인 육바라밀을 듣는 것도 또한 어려우며, 선지식을 만나서 법문을 듣고 능히 수행하는 것도 역시 어려운 일이니라. 그러나 만약 이 무량수경의 진리를 듣고 환희심으로 믿고 지니어 기억함은 참으로 어려운 가운데서도 더욱 어려운 일로서, 이보다 더 어려운 일은 없느니라.

그러므로 나는 무량수경의 법문을 진리 그대로 이와 같이 마련하고(如是作), 진리 그대로를 이와 같이 말하여(如是說), 진리 그대로 이와 같이 가르치는(如是敎) 것이니, 그대들은 마땅히 믿고 의지하여 가르침과 같이 수행해야 하느니라."

2013년 음력 9월 초하루에 『정토삼부경』을 부처님 전에 올리고 회향하며 저의 부모님의 업장소멸과 극락왕생을 발원하였습니다.

부처님께서도 "무량수경의 진리를 듣고 환희심으로 믿고 지니어 기억함은 참으로 어려운 가운데서도 더욱 어려운 일로서, 이보다 더 어려운 일은 없느니라." 이렇게 말씀하셨기에, 『정토삼부경』의 진리를 듣고 누구나 환희심으로 믿고 받들어 지닐 수 있도록 『정토삼부경』의 좌보처로서 인광대사님의 정토법문 『단박에 윤회를 끊는 가르침』을 음력 9월 18일 지장재일에 부처님 전에 올리고 회향하였습니다.

그리고 지장재일 밤에 요양병원에서 어머니께서 위독하다고 연락이 와서 바로 시골집으로 모시고 어머니께서 임종하시기 전에 『임종염불과 극락왕생』의 법공양을 발원하고 저의 부모님의 업장소멸과 극락왕생을 발원하였습니다.

『정토삼부경』에서 아미타 부처님께서 임종시에 아미타불을 열 번만 불러도 대중과 함께 마중하러 오신다고 하셨습니다. 『정토삼부경』 어디에도 임종 후에 마중하러 오신다는 말씀은 찾아보지를 못하였습니다.

아미타 부처님의 48서원을 믿고 임명종시에 조념을 받으며 '나무아미타불'을 염불한다면 결정코 왕생할 것이므로 임종전의 조념은 임종후의 조념에 비한다면 백천만배로 수승하다고 저는 생각합니다. 임명종시에 조념을 받으며 '나무아미타불' 염불한다면 아미타 부처님의 접인을 받아 서방정토 극락세계에 왕생하여 누구나 반드시 결정코 윤회를 벗어나는 방법이 아니겠습니까!

저의 아버지께서는 지난해 가을부터, 저의 어머니는 올해 봄부터 건강에 문제가 생겨서 절에서 하는 매달 초하루 방생에 사불을 저의 딸이 3번씩 하여 부모님 이름으로 부처님 전에 올리고 부모님의 연금으로 방생에 동참시켜 드렸습니다.

저는 부모님을 이번에 반드시 결정코 왕생하도록 해 드리지 못한다면 다음에도 또 다시 빚을 갚으러 와서 한생을 헛되이 보낼 수밖에 없다고 생각하였습니다. 저는 비록 최선을 다 하지는 못했지만 최선을 다 하려고 노력하였습니다.

저의 어머니께서 임종직전에 왼손을 들어서 서쪽을 가리키며 서상을 보여 주시고 왕생하신 것은 아미타 부처님의 가피이며, 서상을 보여 주신 것이 아미타 부처님께서 저의 발원을 섭수하신 것이라고 생각하기에 이 인연공덕을 모든 대덕 스님과 불자님들께 회향하오며 법공양을 삼가 받들어 올립니다.

　나무아미타불 _○○○_

　　　　　　　　　　　居士 郭靜岩 恭敬 合掌

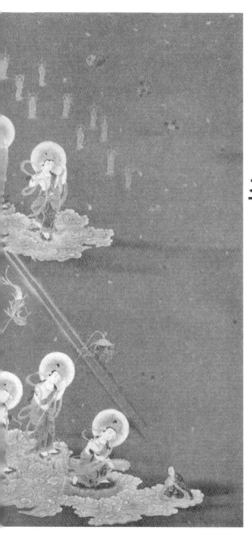

조념염불 실용문답

정종법사 법문
정전스님 번역

조념염불 실용문답

1. 질문: 임종 때 입으로 염불을 할 수 없다면 마음속으로 염불해도 왕생할 수 있는가?

답: 왕생할 수 있다.

2. 질문: 임종 때 마음속으로 한마디 한마디씩 부처님의 명호를 부르는 것조차 어려워, 오직 한 생각 왕생을 원하는 마음만 갖고 있어도 왕생할 수 있는가?

답: 왕생할 수 있다. 『관경』의 하품중생下品中生이 바로 그런 경우다.

3. 질문: 임종 때 혼자 마음속으로 염불하기가 힘들어, 다른 사람을 따라 입에서 나오는 대로 칭념을 해도 왕생할 수 있는가?

답: 왕생할 수 있다. 『관경』에서 하품하생한 사람들이 바로 그런 경우다. 본인의 마음이 무기력하여 의업意業으로 사유를 할 수 없으므로, 아무 생각 없이 선지식을 따라 입에서 나오는 대로 칭념을 하였지만 역시 수승하게 왕생하였다. 예컨대 본인이 글을 쓸 줄 몰라도 글을 아는 사람이 자신의 손을 잡고 글을 쓴다면 이 역시 똑같은 글이다. 임종하는 사람의 마음으로는 이미 염불을 할 수 없으므로 선지식을 따라서 한마디 한마디씩 염불하는 것 역시 똑같은 염불이고, 똑같이 왕생한다.

4. 질문: 평소에는 왕생을 발원하고 염불하지만, 임종 때에 혼미하여 염불을 못한다면 왕생할 수 있겠는가?

답: 왕생할 수 있다.

5. 질문: 어찌하여 평소에 염불을 하다가, 임종 때에는 염불을 못해도 왕생할 수가 있는가?

답: 왕생이란 결코 반드시 임종 때가 되어서 결정되는 게 아니다. 평소에 전수염불하며 진심으로 왕생을 발원하는 사람의 왕생은 평소에 이미 결정되었기 때문에, 임종할 때 비록 염불을 못했어도 반드시 왕생한다. 이것을 정토종에서는 '평생업성平生業成'이라고 부른다. 마치 큰 나무 한 그루가 자랄 때부터 서쪽을 향해 기울었다면, 톱으로 자를 때에는 비록 힘을 더 주지 않더라도 자연히 서쪽을 향해 넘어가는 것과 같다. 또 마치 일찍이 배에 올라 편안하게 앉아 있는 사람은, 설사 배가 부두를 떠날 때에 잠이 들어서 모른다 할지라도 편안하게 피안에 도달하는 데 전혀 영향을 받지 않는 것과 같다. 선도 대사께서, 염불이야말로 왕생에 있어서 '정정업正定業'이라고 말씀하신 것도 바로 이와 같은 이유다.

6. 질문: 염불이 정정업이라면 어떠한 사람도 염불을 하면 모조리 왕생할 수 있다는 것인데, 그렇다면 어찌하여 임종조념臨終助念이라는 일설이 있는가?

답: 인광대사께서 말씀하시기를 "이 임종조념의 법은 당나라 때 선도대사님이 발명하신 것으로서, 이를테면 평소에 염불을 안 하던 사람들이 이 법에 의지하여 조념을 한다면 역시 왕생할 수 있다"라고 하셨다. 이와 같이 임종조념은 주로 평소에 염불을 안 하던 사람들을 대상으로 삼고 있음을 알 수 있다. 왜냐하면 평소에 염불을 안 하던 사람이 임종 때에도 염불을 하지 않는다면 바로 윤회를 하게 되므로, 이때는 이 사람을 데리고 함께 염불을 할 수 있도록 선지식의 지도와 도움이 필요한 시기이기 때문이다. 이 사람이 이때 선지식을 따라서 염불을 할 수 있다면 똑같이 왕생한다. 임종조념으로도 왕생할 수 있는데, 평소에 염불하는 사람이라면 더욱 왕생할 수 있다는 것이 바로 염불이 왕생의 정정업이고, 만인이 닦아 만인이 왕생한다(萬修萬人去)는 것에 대한 설명이다.

7. 질문: 지장보살을 염하고 『지장경』·『금강경』을 읽거나 진언 등을 염하는 것도 조념에 속하는가?

답: 전부 조념이 아니다! 오직 아미타불의 명호를 부르는 것만이 조념이라 할 수 있다. 이른바 '조념'이란 임종을 맞이한 사람에게 아미타불을 불러 극락세계에 왕생하도록 도와주는 것이지, 다른 경전과 진언을 독송하고, 또 다른 불보살님들의 명호를 부르도록 도와주는 것은 아니다.

사람이 임종할 때는 굉장히 위험한 상황이어서, 평소에 어떤 법문을 배웠던 간에 이때에는 전부 내려놓고 오로지 아미타불의 명호를 불러야 한다. 더 이상 난잡하게 다른 것을 부를 여유가 없기 때문이다. 조금 심하게 말하자면, 이것은 오히려 조념을 방해하고 왕생을 파괴하는 행위다. 어리석음과 무지로 인해 지은 죄업은 임종할 때 오로지 아미타불의 명호를 부르는 것을 방해하는 것보다 더한 것은 없다.

8. 질문: 경을 읽거나 진언을 외우거나 모든 불보살님의 명호를 부르는 것에도 전부 공덕이 있지 않는가? 어찌하여 조념을 파괴한다고 말할 수 있는가?

답: 전부 공덕이 있는 것은 틀림이 없다. 하지만 임종을 맞이한 사람이 삼악도에 떨어지지 않도록 보장할 수는 있지만 반드시 왕생을 한다고는 보장할 수 없다. 본래 임종조념이란 정토왕생을 통하여 성불하는 목적을 달성하기 위함인데, 결국 다른 경전과 진언을 독송하고 다른 불보살님들의 명호를 부름으로써 단지 인간과 천상의 좋은 과보만을 얻을 뿐이다. 그 다음 생에 다시 불법을 만나기 어렵고 삼악도에 떨어질지도 모르는데, 이 어찌 성불이란 대사大事 인연을 파괴하는 것이 아니겠는가!

9. 질문: 조념자가 가장 확실하게 알아야 할 근본은 무엇인가?

답: 모든 장애요소들을 제거하고 오로지 한마디 아미타

불을 부르는 것이다.

10. 질문: 조념을 할 때에 법문의 주요 내용은 어떤 것인가?

답: 우선 윤회의 괴로움과 극락의 즐거움에 대하여 설명하고, 그 사람에게 마땅히 왕생발원을 할 것을 권장해야 한다. 그리고 나서 그 사람에게 세간에 대한 모든 집착을 내려놓을 수 있도록 설득해야 하는데, 목숨이 다할 때에 아무리 집착을 해도 소용이 없을뿐더러 왕생까지 방해하기 때문이다. 마지막으로 그 사람에게 조념자를 따라 함께 염불을 하면서 부처님이 영접하러 오시면 바로 부처님을 따라 가도록 권해야 한다.

11. 질문: 가장 간단한 임종법문은 어떤 것인가?

답: '아무개여! 죽은 뒤에 윤회를 한다는 것은 매우 괴

로운 일입니다. 그러니 저와 함께 아미타불을 부르시고 부처님의 영접을 받아 극락세계로 왕생하십시오!'

12. 질문: 어째서 어떤 사람은 장시간의 조념법문을 했음에도 불구하고 여전히 숨이 끊어지지 않는가?

답: 그 사람의 목숨이 아직 다하지 않았거나, 아니면 마음속에 걱정거리가 남아 있기 때문이다. 만약 수명이 아직 다하지 않았다면 조념하러 오신 사람들은 조급해하지 말고 천천히 진행하셔서 염종을 맞이한 사람에게 부담을 주지 말아야 한다. 그리고 마음속에 걱정거리가 남아 있다면 무슨 일인지 알아보고 되도록 빨리 해결할 수 있도록 그 사람을 도와드려야 한다.

만약 채무관계가 남아 있다면 그 사람의 권속들에게 "모든 채무관계를 저희들이 잘 알고 있습니다. 잘 해결할 테니 안심하시고 떠나십시오!" 라고 임종자를 위해 말씀드리도록 해야 한다.

만약 자녀에 대한 미련이 남아 있어서 집착을 버리지 못하고 있다면 "저희들이 이 자녀들을 잘 부양하고 도와줄 테니 안심하십시오!" 라고 말씀을 드려야 한다.

만약에 원한으로 인하여 마음을 진정시키기가 어렵다면 "아무개도 지금 굉장히 후회를 하고 있습니다. 당신은 곧 정토에 왕생하여 성불을 할 사람이니, 그 사람을 용서해주십시오!" 라고 말씀드려야 한다.

이렇게 해서 만약에 그 사람의 걱정거리를 적중시켰다면 즉시 뚜렷한 효과가 나타날 것이다.

13. 질문: 조념과 법문 도중에 가장 주의하고 피해야 할 것은 무엇인가?

답: 첫째는 잡다한 것을 피해야 한다. 한마디 아미타불을 제외하고 그 외의 것은 일절 피해야 한다.

둘째는 병자 또는 망자에게 심리적인 부담을 더하는 것을 피해야 한다. 예컨대 "아무개여! 당신은 평생을 염불수행 하셨는데, 구하는 게 바로 극락왕생입니다. 지금이야말로 결정적인 순간이므로 반드시 정념正念을 유지할 수 있도록 노력하셔야 합니다. 만약 이 순간에 정념을 잃어버린다면 평생의 수행이 수포로 돌아갈 것입니다"라고 말을 하는 것이다. 이런 말들은 모두 부정적인 메시지가 그 속에 들어 있어서 임종하는 사람에게 반드시 부담을 주게 된다. 왜냐하면 사람이 이 순간이 되면 스스로 억지를 부린다고 해서 자기 생각대로 할 수 있는 게 아니어서, 조념을 해주는 사람이 지혜롭게 위로를 하여 그 사람의 마음이 평안하고 온화하도록 해주는 게 가장 필요하기 때문이다. 따라서 마땅히 "아무개님! 당신이 평생 염불수행을 하시고 왕생을 원하신다는 것을 아미타불께서는 일찍부터 보고 계시고 알고 계시니, 그 공부가 결코 헛되지 않습니다. 아미타불께서는 반드시 당신을 구제해주실 것입니다. 현재 비록 아미타불께서 몸을 나투시어 영접하러 오신 모습을 친견하지는 못했으나, 그건 당신의 수명이 아직 다하지 않았기 때문입니다. 하지만 당신은 이미 아미타불의 사람입니다. 아미타불께서는 빠르지도 늦지도 않게 당신을 영접하러 오실 것입니다. 그러니 조급해하지 마시고 저희들을 따라서 염불을 할 수 있으면 저희들과 함께 염불을 하시고, 만약에 힘이 받쳐주지 않으시면 우리가 염불을 할 테니 듣고만 계셔도 됩니다. 당신은 안심하고 여기에 누워서 아미타불의 영접만을 기다리십시오!" 라고 말해야 한다.

14. 질문: 조념자는 마땅히 어떠한 마음을 갖고 있어야 하는가?

답: 첫째는 상대방의 입장, 즉 임종자의 입장에 서서 생각을 해야 한다.

'내가 바로 저 병상에 누워 있는 사람인데, 현재 나에게 가장 필요한 것은 무엇일까?' 이렇게 생각한다면 모든 행위가 임종자의 마음에 부합할 수 있을 것이다.

둘째는 아미타불을 전적으로 믿고 의지하되 조념을 하면서 정말 왕생할 수 있을까? 아미타불께서 진짜로 오실

까? 등에 대하여 의심하고 걱정해서는 안 된다.

조념을 해주는 사람이 오로지 염불에만 집중한다면 아미타불께서 당연히 오셔서 임종자를 구제하실 것이니, 아미타불이 중생을 구제하는 것은 매우 쉬운 일이다. 따라서 지나친 걱정은 필요 없을 뿐만 아니라 염불하는 분위기에 방해가 된다.

15. 질문: 임종조념을 할 때에 법문과 염불 중에 어느 것을 위주로 해야 하는가?

답: 염불을 위주로 해야 한다. 법문은 염불을 할 수 있도록 인도하는 방편일 뿐이다.

16. 질문: 조념을 할 때에 법문을 해줄 사람이 없으면 염불만 해도 되는가?

답: 평생 불법을 만나지 못하였거나 왕생을 원치 않던 사람이라면 간단한 법문을 통하여 왕생발원을 하도록 권장하는 것이 가장 좋다. 정말로 법문을 해줄 사람이 없다면 대중들이 다함께 입을 모아 염불만 해도 자연히 온 집안이 광명으로 가득해지고 불가사의한 효과도 있을 것이다.

17. 질문: 조념을 할 때에 창념唱念과 칭념稱念, 육자六字와 사자四字 중에 어느 것이 가장 좋은가?

답: 임종을 하는 사람이 좋아하는 것을 기준으로 삼아야 한다. 일반적으로 칭념(음률 없이 하는 염불)은 창념(음률을 넣은 염불)보다 수월하고 기력소모가 적어서 힘이 덜 든다. 중병 또는 임종을 하는 사람은 기가 부족하고 정신력이 쇠약하여 창념을 따라 하기가 어려우므로 칭념

을 하는 게 적합하다. 6자(나무아미타불)는 4자보다 완전하고, 4자(아미타불)는 6자보다 급박하다. 숨이 끊어지는 순간의 전후에는 4자로 칭념해도 된다. 급박한 상황으로 인하여 부처님 명호의 완전함을 따질 필요가 없기 때문이다. 그 외의 시간에는 상황이 급박하지 않으므로 6자로 부르는 게 비교적 원만하다.

18. 질문: 조념을 해주는 연우들이 많을수록 좋은가?

답: 꼭 그런 것은 아니다. 몇 조로 나누어 조념을 하되 한 조에 6, 7명 정도의 인원이면 충분하다. 사람이 적으면 항상 염불소리가 통일이 잘 되는데 사람이 많으면 번번이 난잡해지기 일쑤다. 조념을 하는 현장에서는 정신의 집중과 명호의 일치를 요구하므로 필요 없는 잡담을 삼가고, 사람들이 왔다 갔다 하면서 움직여서도 안 되며, 선풍기 등의 기계가 작동하면서 나는 소리 등도 되도록 피해야 한다.

19. 질문: 염불기로 연우들의 조념을 대신할 수 있는가? 있다면 어떤 상황 속에서 대신할 수 있는가?

답: 사람의 심력心力의 감응이 크므로, 염불기가 조연助緣은 될 수 있을지언정 완전히 사람을 대신할 수는 없다. 특히 목숨이 끊어지는 순간의 전후에는 더욱 대중들이 마음을 모아 함께 소리를 내어 칭념을 해야 하므로, 절대 사람이 염불하지 않으면서 염불기만 염불하게 해서는 안 된다.

다음과 같은 다섯 가지 경우는 잠시 염불기로 대신할 수 있다.

⑴ 조념을 할 사람이 없을 경우.
⑵ 조념자가 너무 피곤하여 지속하기 어렵거나, 병자의 상태가 아직은 평온하여 심각하게 위급하지 않을 경우.
⑶ 임종자 자신이 확신이 있어서 다른 사람의 조념이 필요 없을 경우.
⑷ 망자를 위해 최소한 8시간 이상의 조념을 했을 경우.

⑸ 망자의 왕생이 이미 확실해졌을 경우.

20. 질문: 수행력이 있는 사람이 조념을 한다면, 그 효과가 일반인보다 좋지 않겠는가?

답: 정확히 말하자면, 전수염불을 하는 사람과 정성을 다해 집중을 하는 사람일수록 조념의 효과는 더욱 좋다.

21. 질문: 가족이 직접 염불을 해준다면 그 이익은 일반 조념자보다 더 나은가?

답: 일반적으로 말하면 그렇다고 할 수 있다. 왜냐하면 가족 사이의 연분이 가깝고 염불하는 마음이 정성스러워서 쉽게 감통感通할 수 있기 때문이다. 하지만 가족일지라도 성의 없이 대충대충 한다면 도리어 외부에서 조념을 하러 온 사람만큼 정성을 다해 집중을 하지 못하므로, 그 이익과 효과 역시 떨어질 수밖에 없다.

만약 연우들이 오셔서 조념을 해주고 가족 또한 참석하여 서로 감동을 주고받으면서 정성을 다해 염불에 집중한다면 효과가 가장 좋을 것이다.

22. 질문: 일생 동안 믿음과 발원을 가지고 전수염불을 한 사람도 임종 때 가족들이 울거나 옮기는 등의 인연을 만나면 왕생에 영향을 미칠 수 있는가?

답: 과연 일생 동안 믿음과 발원을 가지고 전수염불을 한 사람이라면 일찍이 아미타불의 광명의 섭취 속에 들어 있기 때문에 임종 때 어떠한 인연을 만나던 간에 전부 영향을 받지 않고 반드시 왕생한다. 그러나 한 사람의 속마음을 다른 사람이 정확히 알기는 어렵고, 게다가 조념을 하러 온 이상 반드시 모든 가능한 장애의 요소들을 제거하는 것을 안전하고 완전한 계책(萬全之策)으로 삼아야 할 것이다. 따라서 임종을 하는 사람의 믿음과 발원이 어떻든 간에 조념을 할 때는 가족들이 울거나 옮기는 등의 행위를 자제해야 한다.

23. 질문: 가족들이 울거나 병자 또는 망자의 몸을 옮기는 등의 행위가 조념의 효과에 영향을 줄 수도 있는가?

답: 그럴 수도 있다. 왜냐하면 이런 행위들은 병자 또는 망자에게 고통을 더해주기 때문에, 만약 평소에 믿음과 발원이 견고하고 염불에 숙달된 사람이 아니라면 탐착하고 성내고 원망하는 마음을 일으켜서 삼악도에 떨어지기 쉽기 때문이다.

24. 질문: 만약 가족들이 조념을 반대한다면 마음속으로 묵묵히 그 사람을 위하여 법문과 조념을 해줘도 되는가? 그래도 효과는 동등한가?

답: 그래도 좋다. 비록 소리를 내지 않고 마음속으로 묵념을 하더라도 온몸에 자연히 부처님의 광명이 있게 된다. 만약 정성스러운 마음으로 집중해서 묵묵히 법문을 해준다면 불력佛力과 감응이 통하여 효과 역시 불가사의하다.

25. 질문: 아미타불께서 염불인을 영접하러 오실 때 혼자서 오시는가, 아니면 관세음보살과 대세지보살도 함께 오시는가?

답: 『아미타경』에 의하면 아미타불은 관음·세지와 여러 성중들을 거느리고 함께 영접하러 오신다고 하셨다. 다만 개개인의 인연이 다르므로 보이는 바 또한 여러 가지 모습으로 똑같지 않다. 어떤 사람에게는 부처님만 보이고 보살은 보이지 않거나, 어떤 사람에게는 보살만 보이고 부처님은 보이지 않거나, 또 어떤 사람은 소수의 성중들을 보고 어떤 사람은 다수의 성중들을 보며, 어떤 사람은 단지 연꽃과 광명만을 보게 된다.

26. 질문: 아미타불께서 영접을 하러 오신 것을 보면 '뛰어 올라가야 한다(衝上去)'는 말을 들었는데, 아미타불을 친견한 뒤에 어떻게 뛰어 올라가야 하는가?

답: '뛰어 올라감'이란 말은 경전에서 본 적이 없다. 아

마도 어떤 사람이 상상해낸 것이 아닌가 싶다. 사실상 왕생을 원하는 마음만 있으면 되는데, 마치 연인들이 만났을 때에 누가 가르쳐주지 않아도 서로 가까이 다가가게 되는 것과 같다.

염불인이 영접을 하러 오신 부처님을 뵈면 아주 자연스럽게 부처님을 향해 다가갈 것이다. 마치 추위에 떨고 있는 사람이 따뜻한 장소를 찾게 되고, 어둠 속에 있던 사람이 밝은 곳을 원하는 것과 같이 모두가 당연한 경향이다. 더군다나 아미타불의 위신력으로 섭취해주심이 있기 때문에, 이때에 왕생을 원하는 사람은 마치 작은 풀잎 하나가 거대한 소용돌이를 만난 것과도 같이 자연히 부처님을 따라가게 된다. 예컨대 『관경』의 구품왕생은 전부 아미타불께서 여러 성중들과 함께 광명을 놓고 손을 내밀어 영접을 하시는데, 염불인은 자연스럽게 연화대에 올라 앉아 부처님의 뒤를 따라 곧바로 극락세계의 연못에 들어가게 된다. 우리는 오로지 염불만 할 뿐, 어떻게 연화대에 올라가고 어떻게 서방의 연못으로 왕생하는지는 전부 아미타불의 소관이시므로 우리가 걱정할 필요는 없다.

27. 질문: 임종할 때에 마魔가 와서 아미타불의 모습으로 변화할 수도 있는가?

답: 그럴 수는 없다. 왜냐하면 임종 때는 마가 붙을 때가 아닐뿐더러, 더욱이 염불인의 임종에는 아미타불과 관음·세지·제대보살들께서 광명신력으로 가호해주심이 있으므로 모든 삿된 마들이 가까이 범접할 수 없기 때문이다. 이는 마치 정오의 태양 아래에는 검은 그림자가 있을 수 없는 것과 같다.

28. 질문: 임종 때 혼미 상태일 때, 그 사람을 위해 조념을 해준다면 왕생할 수 있는가?

답: 왕생할 수 있다. 『염불감응록』 제3집에 보면, 황영부黃英夫는 식물인간처럼 혼미한 지 43일이 되었지만,

그를 위해 법문을 하고 염불을 해주자 여전히 수승하게 왕생하였으니, 그것이 곧 명백한 증거다.

29. 질문: 혼미 상태는 죽은 거나 마찬가지여서 움직일 수도 말을 할 수도 볼 수도 들을 수도 없을 텐데, 어찌하여 그 사람을 위해 법문을 하고 염불을 해준다고 왕생할 수 있단 말인가?

답: 겉모습은 비록 혼미한 상태이지만 정신은 혼미하지 않으므로, 그 사람을 위해 법문과 염불을 해준다면 여전히 알아들을 수 있기 때문이다. 이때에 그 사람이 따라서 염불을 하고 정토왕생을 원한다면 틀림없이 왕생한다.

30. 질문: 만에 하나 임종 때 혼미하여 부처님이 영접하러 오신 것도 모른다면 어떻게 왕생할 것인가?

답: 이것은 있을 수 없는 일이므로 전혀 걱정할 필요가 없다. 예컨대 『염불감응록』에서 장묘신張妙信은 뇌혈관 파열로 하루 종일 혼미한 상태였으나, 깨어나자마자 갑자기 "부처님께서 나를 영접하러 오셨으니 나는 왕생한다" 라고 말한 것이 곧 그 증거이다. 이 사례가 설명하듯이, 비록 육체는 혼미한 상태이지만 정신(神識)은 혼미하지가 않기에, 부처님께서 영접하러 오신 모습을 또렷하고 분명하게 뵙고 부처님을 따라서 왕생을 할 수 있다.

31. 질문: 임종자 또는 망자가 아미타불을 뵌 적이 없어서 부처님을 못 알아보면 어떡하는가?

답: 부처님을 뵙는 순간 저절로 알게 될 것이다. 마치 초목이 봄을 모르지만 봄이 오면 자연히 생기 발랄해지

는 것과 같다. 사람이 죽음의 고통 속에 있을 때 부처님이 영접하러 오시는 것은 마치 초목이 태양을 향하고, 추운 사람이 따뜻한 곳을 찾는 것과 같아 자연스럽게 부처님을 향해 기울게 된다. 중생들은 모두 불성이 있으므로 부처님을 알아보지 못할까 전혀 걱정할 필요가 없다. 예컨대 나무에는 불의 기운이 있어서 맹렬한 불속에 넣으면 자연히 타게 되고, 얼음에는 물의 성질이 있어서 끓는 물에 넣으면 저절로 녹게 된다. 그런데 어찌 나무가 불을 모르고 얼음이 물을 모를까를 걱정하겠는가? 더군다나 부처님께서 위신력으로 가지(加持, 가피)하심이 있거늘, 어찌 범부로 하여금 부처님을 알아보지 못하게 하시겠는가!

32. 질문: 살아생전에 염불을 한 적이 없던 사람이, 죽은 뒤에 조념을 해준다고 해서 왕생할 수 있겠는가?

답: 왕생할 수 있다. 육체는 비록 못쓰게 되었지만 영혼(神識)은 죽기 않고 평소보다 더욱 예민해지므로, 단지

법문을 듣고 염불을 하며 왕생을 원하기만 한다면 왕생하지 못하는 이가 없다. 이에 대해서는 『염불감응록』 곳곳에 여러 증거가 있다.

33. 질문: 비명횡사를 한 사람도 조념을 해주면 왕생할 수 있는가?

답: 왕생할 수 있다. 『염불감응록』 곳곳에는 추락·교통사고·타살·급사로 죽은 사람들이 조념염불을 통하여 모조리 왕생한 사례들이 있으니, 그것이 명백한 증거이다.

34. 질문: 자살한 사람도 조념을 해주면 왕생할 수 있는가?

답: 왕생할 수 있다.

35. 질문: 죽은 지 여러 날이 지난 사람도 조념을 해주면 역시 왕생할 수 있는가?

답: 비록 죽은 지 여러 날이 지난 사람일지라도 영혼이 아직 환생하지 않았다면, 그 사람을 위해 조념을 해주면 역시 왕생할 수 있다.

36. 질문: 죽은 지 여러 날이 지났어도 조념을 통해 왕생할 수 있다면, 망자를 위해 조념하는 시간 배정을 어떻게 안배하는 것이 타당한가? 49일 동안 염불을 해주는 게 더욱 좋은 것인가?

답: 조념과 천도는 망자가 죽은 시간과 가까울수록 좋으며, 그 시간을 차일피일 미룬다거나 따로 날짜를 잡는다던가 해서는 안 된다. 그리고 조념을 하는 시간의 길고 짧음은 마땅히 실제 사정에 따르되, 아무튼 길면 길수록 좋다.

37. 질문: 망자의 곁이 아닌 다른 곳에서 염불을 해줘도 왕생에 도움이 되는가?

답: 도움이 된다! 왜냐하면 사람의 마음은 공간을 초월하여 그 감응이 불가사의하기 때문이다. 『염불감응록』 제3집에 보면, 관영冠英이라는 사람은 대만에 살고 있었고, 돌아가신 부친은 중국대륙에 있어서 서로 수천 리나 떨어져 있었지만, 그가 부친을 위해 염불을 해주니 극락왕생을 했다는 사례가 바로 그 증거다.

38. 질문: 그렇다면 어떤 사람이라도 조념만 해주면 전부 정토왕생을 할 수 있단 말인가?

답: 조념을 해주는 사람이 있다면 왕생할 수 있는 가능성이 매우 크다고는 할 수 있지만, 그렇다고 한 사람도 빠짐없이 모조리 왕생한다고 보장할 수는 없다. 이른바 조념이란 본인 스스로 염불을 하게끔 도와주는 것으로서, (임종을 맞이한) 본인이 염불을 해야 왕생할 수 있

는 것이다. 비록 다른 사람들이 조념을 해주더라도 만약에 본인의 선근이 적고 업장이 많으며, 왕생을 원치 않고 염불을 하지 않는다면 역시 왕생할 수 없다. 다만, 왕생을 못하더라도 목숨이 끊어질 때 한마디 부처님의 명호가 귀를 스쳐지나가기만 하면 최소한 삼악도에 떨어지지 않음을 보장할 수는 있다. 그런 까닭에 그 공덕과 이익 역시 불가사의한 것이다.

39. 질문: 어떤 사람에게 반드시 조념을 해주어야만 왕생할 수 있거나 왕생을 확신할 수 있는가?

답: 다음과 같은 사람들이다.

⑴ 부처님 공부를 하지 않은 사람
⑵ 염불을 하지 않는 사람
⑶ 왕생을 원치 않는 사람
이 세 종류의 사람은 반드시 조념이 필요하다.

⑷ 왕생을 원하는 마음이 진실하지 않은 사람

⑸ 잡행을 하는 사람

⑹ 의심이 많은 사람

이 세 종류의 사람 역시 조념을 해주어야만 왕생을 확신할 수 있다.

40. 질문: 어떤 사람이라야 조념이 필요 없이 반드시 왕생할 수 있는가?

답: 평소에 진심으로 아미타불의 구제를 믿고 왕생을 원하며, 오로지 아미타불의 명호를 부르는 사람은 임종할 때 조념의 유무와 상관없이 반드시 왕생한다.

41. 질문: 어째서 어떤 사람은 평생토록 염불수행하고 진심으로 왕생발원을 했는데도 불구하고, 역시 임종조념을 원하는가?

답: 그것은 왕생이 결정되지 않아서 사람들의 조념이 필요한 게 아니라, 비록 왕생이 이미 결정되었지만 연우들을 모시고 임종할 때 배웅을 해줄 것을 부탁하는 것일 뿐이다.

42. 질문: 염불인에게 어떠한 징표가 있어야 확실하게 왕생하였다고 증명할 수 있는가?

답: 다음과 같은 징표이다.

⑴ 왕생할 때 앉고 눕는 것이 자유롭다.
⑵ 사전에 정토왕생을 하는 시간을 정확히 안다.
⑶ 염불을 하면서 숨이 끊어진다.
⑷ 임종할 때 스스로 극락세계의 거룩한 경계가 나타나고, 불보살님과 연꽃이 나타나 영접하러 오셨다는 말을 한다.
⑸ 임종조념을 해주던 사람이 극락세계의 불보살님과 연꽃이 영접을 하러 오심을 본다.

⑹ 친한 사람의 꿈속과 선정 속, 또는 염불 도중에 직접 그 사람이 정토왕생 하는 모습을 뚜렷하고 확실하게 본다.

⑺ 죽은 뒤 온몸이 싸늘하게 식었으나 정수리만큼은 따뜻하다.

이상 일곱 가지 중에 어느 하나만 갖췄어도 틀림없이 왕생했다고 명확한 판단을 내릴 수 있다.

그 외에도 염불인의 목숨이 끊어진 뒤에 얼굴에 미소를 짓거나, 신체가 유연하거나, 천상의 음악이 울리거나, 미묘한 향기가 나거나 하는 등의 현상도 기본적으로 정토왕생의 징표라고 볼 수 있다.

43. 질문: 만약에 위와 같은 그러한 상서로운 징조가 없었다면 정토왕생을 못했다는 것인가?

답: 그렇지는 않다. 평소에 염불을 하고 믿음과 발원을 갖춘 사람이라면 비록 특별한 징조가 없더라도 틀림없이

왕생한다. 다만 이것은 부처님과 왕생자 본인만 알 뿐
다른 사람은 알 수 없다.

근본부터 말하자면, 왕생이 결정되는 것은 부처님의
원력이 헛되지 않기 때문이지 상서로운 징조와는 무관하
다. 그러나 일반 초심자들은 부처님의 말씀과 부처님의
원력에 대하여 믿음을 일으키기가 쉽지 않기 때문에, 잠
시 눈앞에 보이는 상서로운 징조들을 통해 그 사람의
믿음을 일으키려는 것이다.

44. 질문: 어떤 사람들이 왕생할 때 자유로운가?

답: 왕왕 신분이 낮고, 우둔하고 지혜가 없으며, 마음씨
가 착하고 부드러우며, 성실하게 염불을 하며, 떠벌리기
를 싫어하는 사람일수록 좋게 갈 수 있다.

간략히 말하자면 여섯 종류의 사람들이 있다.

⑴ 정진하여 게으름을 피우지 않는 사람

⑵ 어리숙하고 꾸밈이 없는 사람

⑶ 듬직하고 드러내기를 싫어하며 조용히 수행하는 사람

⑷ 자비롭고 착하고 유순한 사람

⑸ 염리심(厭離心: 생사를 싫어하여 벗어나려는 마음)이 간절한 사람

⑹ 숙세에 선근이 있는 사람

45. 질문: 어떤 사람이 왕생할 때 비교적 자유롭지 못한가?

답: 다음과 같은 사람들이다.

⑴ 잡행을 하는 사람

⑵ 게으른 사람

⑶ 의심이 많은 사람

⑷ 교만한 생각으로 잘난 척하는 사람

⑸ 명예와 이익을 구하기를 좋아하는 사람

⑹ 고집이 센 사람

⑺ 악업을 많이 지은 사람

이상 일곱 부류의 사람들은 숙세에 큰 선근이 있는 경우라면 몰라도, 그렇지 않고서는 자유롭게 왕생하기란 어렵다.

46. 질문: 어떤 염불인이 미리 왕생할 시간을 알 수 있으며, 또 어떻게 미리 시간을 알 수 있는가?

답: 두 부류의 사람이 있다.

⑴ 염불의 공력이 많이 쌓인 사람
⑵ 숙세의 선근이 깊고 두터운 사람

이런 사람들은 선정 속에서나 또는 염불을 하고 있는 도중에 불보살님의 계시를 받아서 알 수 있다. 혹은 다른 누군가가 알려주지 않아도 때가 되면 저절로 알게 된다. 남들은 신기하게 느껴지겠지만, 정작 본인에게는 마치 눈앞에 놓인 사물을 보는 것과 같아 전혀 특별할 게 없다.

47. 질문: 평소에 염불수행을 하고 있지만 왕생을 못할까 두려워서, 사전에 미리 연우들에게 연락하여 때가 되면 와서 조념을 해줄 것을 부탁해도 되는가?

답: 사전에 연우들에게 조념을 부탁하는 것은 괜찮다. 그렇다고 평소에 염불수행을 하지만 왕생이 결정되지 않아 반드시 조념을 해야만 왕생할 수 있을 거라는 생각을 해서는 안 된다. 마땅히 "조념의 유무와 상관없이 반드시 왕생한다"고 깊이 믿어야 한다. 다만 범부들은 세속적인 감정에 사로잡혀 임종을 할 때 외롭고 쓸쓸함을 느끼기 쉽다. 또한 불교를 믿지 않고 염불을 하지 않는 가족들이 세속적인 방식으로 임종을 처리해서 염불인의 심정을 헤아리지 못하고 염불인의 염원을 어긴다면 매우 유감스러운 일이 아닐 수 없다. 이때에 만약 연우들이

오셔서 함께 염불을 한다면 위안과 따뜻함을 배로 느낄 수 있을 것이다.

아무튼, 동일한 신앙을 가지고서 현재 동일한 부처님의 명호를 부르며, 장래에 동일한 정토에 왕생하게 되는 것이니, 친한데다가 더 친해진 격이라 할 수 있다. 따라서 임종 때 서로 배웅을 해주는 것은 피차간에 아주 즐겁고도 위안이 되는 일이다.

온정적이면서 장엄한 염불은 임종을 하는 사람에게 위안을 줄 뿐만 아니라, 실제로 가족들에게 이별의 슬픔을 덜어주고 그분들이 불법에 대한 선근과 신심을 증장시켜주며, 정토를 동경하고 염불왕생을 할 수 있도록 인도할 수 있다. 적잖은 사람들이 바로 연우들이 오셔서 그분의 가족을 위해 염불을 해준 덕택에 불법의 이익을 얻고 감동한 나머지 불교를 믿고 염불을 하게 된 것이다.

그리고 조념을 해주러 오신 연우들의 입장에서 보더

라도 애심愛心으로 봉사하고, 무상無常함을 체험하며, 현장에서 아미타불의 자비로운 구제를 견학하고 부처님의 은혜를 느낄 수 있는 좋은 기회가 된다.

48. 질문: 평상시 염불과 임종시 조념의 사이에 마땅히 어떤 마음으로 취사取捨를 해야 하는가?

답: 마땅히 이렇게 생각해야 한다. '나는 염불인이다. 임종할 때 설사 그 자리에 아무도 없더라도 아미타불께서는 반드시 청정대해중보살淸淨大海衆菩薩들을 거느리시고 영접하러 오실 것이다.'

다만 사바세계의 업보가 다할 때에, 연우들이 염불을 하며 배웅을 해준다면 세속적인 인연이 줄어들 뿐만 아니라 서로가 기뻐하고 위안이 되니, 역시 매우 수승한 일이다.

만약에 자신을 위해서라면 마땅히 '오로지 염불수행을

하여 부처님 원력의 배를 타면 반드시 왕생한다'는 것에
힘써야지, 왕생을 임종조념을 전제로 해서는 안 된다.
만약에 다른 사람을 위해서라면 임종할 때 되도록 가서
조념과 위로를 해줘야 한다.

佛因中立弘誓,	저 부처님 인중에서 세우신 크신 서원
名念我總迎來,	이름 듣고 나를 부르면 언제나 마중 나온다네.
簡貧窮將富貴,	빈부귀천을 가리지 아니하고
簡下智與高才,	어리석음과 지혜를 가리지 않으며,
簡多聞持淨戒,	많이 듣고 청정계율 지키는 자 가리지 아니하고
簡破戒罪根深,	파계하여 죄 깊은 이 가리지 않으시니
使回心多念佛,	다만 마음 돌려 염불 많이 하면
令瓦礫變成金.	깨어진 기와 조각도 금덩이로 변한다네.

자민慈愍대사 (염불감응록 中)

부 록

운명(殞命)의 전후
운명할 때의 행사
염불하여 왕생한 예
연지대사의 서방원문

운명(殞命)의 전후

1. 사대(四大)가 이산(離散)

사람의 몸을 만들어서 이루어진 것 가운데 단단한 것은 지대(地大)에 속하고, 흐르는 것은 수대(水大)에 속하고 더운 것은 화대(火大)에 속하고, 움직이는 것은 풍대(風大)에 속한다. 이 네 가지를 사대(四大)라 하니, 사람이 죽을 때에는 이 사대가 제각기 흩어지는 것이다.

염불구도중음법(念佛救度中陰法)에는 "지대(地大)가 수대(水大)에 내릴 때에는 전신에 무거운 압력을 느끼며 내장과 뼈마디에까지 미치어 숨이 막혀 답답하고 무거운 고통은 말할 수 없나니, 이때에 수족이 끌어당기고 근육이 떨린다.

수대가 화대(火大)에 내릴 때에는 전신이 한냉하고 냉기가 골수에 들어가 내장이 떨리며 간장이 얼음 같이 차서 화로 불로도 냉고(冷苦)를 제하기 어려운 것인데 이때에는 얼굴빛이 회백(灰白)하고 숨이 차고 몸이 떨리게 된다.

화대가 풍대(風大)에 내릴 때에는 생기(生氣)가 태반이나 감퇴하여 저항력이 약하고 바람을 부치면 불이 성하는 모양 같아서 내장과 외지(外肢)가 다리고 찌는 것 같고 살과 힘줄을 베고 쪼개는 것 같은데, 이때에는 얼굴빛이 붉고 신기(神氣)가 혼미한 것이요 풍대가 따로 떨어질 때에는 문득 광풍(狂風)이 온 몸을 불어 찢어 부스러뜨리는 것과 같은 감각을 느끼며 그 고통의 극심함은 형용할 수 없는데 이때에 사대가 흩어지며 육근(六根)이 망가지고 오직 그 신식(神識)만이 생전에 지은 업(業)의 경중을 따라서 과보를 받아 간다"하였다.

중유론(中有論)에는 "장차 죽을 때에는 사대(四大)가 지(地) 수(水) 화(火) 풍(風)의 순서로 따로 따로 떨어지는데 지대(地大)가 분리할 때에는 신체는 무거운 물건으로 온 몸을 누르는 것 같고, 네 팔다리는 끌어당기는 것 같은데 극히 고통이 되고, 그 다음에 수대(水大)가 따로 떨어질 때에는 몸에 땀이 나고 혹은 머리에서 땀이 난다." 하였다.

지도론(智度論)에는 "악업(惡業)을 지은 사람은 풍대(風大)가 먼저 흩어지므로 몸이 움직이며 화대(火大)가 먼저 가므로 몸이 덥고, 선행(善行)을 한 사람은 지대(地大)가 먼저 가므로 몸이 고요하며 수대(水大)가 먼저 가므로 몸이 차다." 하였다.

정법염처경(正法念處經))에는 "임종시에 도풍(刀風)이 모두 일어나 천 개의 뾰족한 칼로 몸을 찌르는 것 같다." 하였다.

이와 같이 사대가 흩어질 때에 악도에 가서 날 사람은 죽을 때에 고통을 받으나 인도에 날 사람은 별로 고통이 없고 천도에나 극락세계에 왕생할 사람은 고통이 없을 뿐만 아니라 도리어 상쾌한 감각이 있다고 한다.

2. 신식(神識)이 시체에서 떠나가는 방법

신식(神識) 즉 속칭 영혼(靈魂)이 시체에서 떠나갈 때에 전신이 별안간에 일시에 식어지는 것이 아니고 몸 아래서부터 먼저 식거나 혹은 몸 위서부터 먼저 식는다.

몸의 더운 기운이 최후에 발에 와서 식으면 지옥에 나는 것이요 무릎에 와서 식으면 축생도에 나는 것이요, 배에 와서 식으면 귀도(鬼道)에 낳는 것이요, 가슴에 와서 식으면 인도(人道)에 나는 것이요, 눈에 와서 식으면 천도(天道)에 나는 것이고, 정수리에 와서 식으면 성도(聖道) 즉 극락에 나는 것이다. 아수라(阿修羅)는 종류가 많아서 식는 곳을 확실히 정하기 어려운 것이다.

3. 아뢰야식(阿賴耶識)과 중유(中有)

　우리가　안이비설신의(眼耳費舌身義)의　육근(六根)으로
색성향미촉법(色聲香味觸法)의　육경(六境)에　대하여　보고
(見)　듣고(聞)　맡고(嗅)　맛보고(味)　닿고(覺)　알고(知)하는
것을 잘 분별하는 작용을 생(生)하는 것을 식(識)이라 하
니 곧 안이비설신의의 육식(六識)이라 하고, 여기에 말나
식(末那識)과　아뢰야식(阿賴耶識)을　추가하여　팔식(八識)
이라 한다.

　사람이 처음 생길 때에는 아뢰야식이 먼저 오고 그 다
음에 말나식과 육식이 생기며 죽을 때에는 육식과 말나
식이 먼저 가고 아뢰야식이 나중에 가나니 아뢰야식은
곧 우리의 신식 즉 영혼이라 하는 것이다.

　사람이 수태(受胎)할 때에는 아뢰야식이 먼저 오는 까
닭으로 아이가 태중에 있어서 활동하게 되고, 사람이 죽
은 후에는 전신 중의 어느 부분이든지 더운 기운이 아
주 없어져야 아뢰야식이 완전히 떠난 것이다.

아뢰야식이 처음 와서 우리의 신심(身心)이 생긴 것을 생유(生有)또는 생음(生陰)이라 하고, 출생한 후부터 죽기 전까지의 신심을 본유(本有)라 하며 죽은 뒤의 신심을 사유(死有) 또는 사음(死陰)이라 하고 사유 후와 생유 전의 중간에 있는 신심을 중유(中有) 또는 중음(中陰), 중음신(中陰身)이라 하니 이 네 가지 종류를 사유(四有)라 한다.

이 사유는 오직 아뢰야식의 이름을 바꾸었을 뿐이고 그 본질(本質)은 바꾸지 아니한 것이니 중유가 곧 아뢰야식이요 아뢰야식이 곧 중유이다. 구사론(俱舍論)에서는 사유(四有)의 시간을 말하되 "생유(生有), 사유(死有)는 각각 생사(生死)의 일찰나간(一刹那間)이고 본유(本有) 중유(中有)는 길고 짧음이 같지 않다" 하였고, 유식론(唯識論)에는 "생유(生有) 사유(死有)는 일찰나간 보다 조금 길고 본유(本有) 중유(中有)는 길고 짧음이 일정하지 않다" 하였다.

4. 중유(中有)의 작용

중유(中有)의 형체는 본유(本有)의 양(量)과 같다 하며, 혹은 사람의 중유는 일체의 반이라 하고, 또 욕계(欲界)의 중유는 오 육 세의 아이와 같고 오근(五根)을 완전히 갖추었으나 의복이 없으며, 색계(色界)의 중유는 신량(身量)이 원만한 것이 본유와 같고 의복이 몸과 같이 있고, 보살은 형량(形量)이 원만하며 모든 용모 형상이 구비하고 의복이 있으며, 인천(人天)의 중유는 깨끗하고 삼악도(三惡道)의 중유는 흑암(黑暗)하며, 또 지옥에 날 중유는 그 형상이 지옥과 같고, 하늘에 날 중유는 하늘사람과 같다고 한다.

중유는 냄새를 먹는데 그 먹는 냄새는 복덕(福德)을 따라서 차별이 있으니 즉 복 있는 중유는 꽃과 과실 같은 경청(輕淸)한 냄새를 먹고, 복 없는 중유는 대소변과 썩은 음식과 같은 것의 더러운 냄새를 먹는데, 중유가 먹는 분량이 극히 적어서 중유가 비록 많아도 모두 먹을 수가 있다 한다.

중유의 견량(見量)은 중유의 승열(勝劣)에 따라 같지 아니하니 승(勝)한 중유는 열(劣)한 중유를 보거니와 열한 중유는 승한 중유를 보지 못하며 같은 종류의 중유는 서로 본다고 한다.

중유가 신통력(神通力)이 강하고 빨라서 공중을 날아다니는 까닭으로 금강산도 장애가 되지 아니하고 부처님도 억제할 수 없으며 산과 물과 돌과 벽과 내지 수미산(須彌山) 같은 것도 무난히 통과하여 다니되 오직 보리가아(菩提迦雍) 즉 부처님의 금강좌(金剛座)와 모체의 자궁은 통과하지 못한다. 또 일찰나(一刹那)에 사대주(四大洲)와 수미산을 돌아다니며 어느 곳에나 순식간에 왕래할 수 있으므로 중유가 아무리 먼 곳에 있더라도 한 번 부르는 소리를 들으면 즉각 앞에 와 서 있고 또 중유가 모든 근(根)이 영리하여 전에 지은 일을 잘 기억하되 그 기억력이 생시보다 9배(倍)나 되고 생시에 비록 용열(庸劣)하고 둔탁(鈍濁)하던 사람이라도 중유에 들면 매우 영민(穎敏)하게 되는 것이다.

5. 중유의 생연(生緣)을 얻는 기한

중유가 생유로 나기 전에 중유로 머물러 있는 기한에 대한 네 가지 설이 있다.

(1) 비바사제사(毗婆沙諸師)는 "일체의 중유가 태어나기를 즐겨 구하므로 속히 생을 받고 반드시 오래 머물러 있지 않는다" 하였고,

(2) 세우존자(世友尊者)는 "칠일을 극장(極長)으로 한다" 하였고,

(3) 설마달다존자(設摩達多尊者)는 "칠칠(49)일을 극장(極長)으로 한다" 하였고,

(4) 법구존자(法救尊者)는 "머물러 있는 기한이 일정하지 않다" 하니, 즉 수생(受生)하는 연(緣)에 더딤과 빠름이 있고 만약 생연(生緣)을 만나지 못하면 중유가 항상 있다는 것이다.

법화문구(法華文句)에는 "인간의 중유는 동자와 같고 반드시 7일을 1기(期)로 하여 본생처(本生處)에 나는데, 만약 7일이 끝날 때까지 생연(生緣)을 얻지 못하면 또

다시 중유 7일을 계속하여 제이, 7일의 종말에 또 본생처에 낳고 이렇게 칠일을 1기(期)로 하여 그 기한이 가장 긴 것은 제 7기까지 이르고 7기의 종말에는 반드시 어느 곳에든 태어나는 것이니 이 칠칠(49)일 동안을 중음(中陰)이라 칭한다. 이와 같이 생연을 아직 결정짓지 못한 동안에 추천(追薦)하는 일을 베풀어 그 힘으로 좋은 곳에 나기를 바랄 것이다." 하였다.

관정경(灌頂經)에는 "명종한 사람이 중음(中陰) 중에 있어서 몸이 소아와 같고 죄·복이 아직 결정짓지 못하였으니 마땅히 복을 닦아서 망자(亡者)의 신식(神識)으로 하여금 정토에 나기를 원하면 이 공덕으로 반드시 왕생하게 된다" 하였다.

운명할 때의 행사

운명(殞命)할 때의 행사

　사람이 운명(殞命)하기 전에 미리 준비할 일과 주의 할 일이 있거니와 운명 후에도 주의 할 일은 법대로 염불하며 도를 잘 닦은 운명 시에도 행사를 잘하여야 할 것이거니와 평시에 염불했다 하여도 법대로 못한 사람은 운명할 때에 행사를 잘하지 아니하면 극락에 왕생하기 어렵고 평시에 염불을 아니한 사람이라도 운명할 때에 행사를 잘 하면 극락에 왕생할 수가 있는 것이다.

　세상 사람들은 이 운명 전후의 행사가 망자(亡者)에게 이와 같이 큰 관계가 있음을 알지 못하는 까닭으로 사람이 운명하려 할 때에는 빨리 운명하기만 기다리고 운명한 후에는 속히 장사하려는 생각만 하고 긴요한 행사를 하지 아니하니 참으로 통탄할 일이다 그러므로 그 운명 전후에 행할 일과 주의할 것은 다음과 같다.

1. 서방삼성의 상(像)을 모실 것

운명할 사람의 방에는 극락세계의 삼성(三聖)의 상(像: 흑이나 나무나 금속이나 돌로 만든 불상)또는 화상(畵像)을 모시되 동향으로 아미타불을 모시고 아미타불의 왼쪽에 관세음보살, 오른쪽에 대세지보살을 모실 것이며 만약 삼성의 상을 구하기 어려우면 아미타불 상만 동향하여 모시고 불상 앞에는 향로와 아미타경 등 왕생에 관한 경책 이외에는 다른 물건을 많이 놓지 말 것이고 불상이 없으면 '나무아미타불' 여섯 자나 '아미타불' 넉 자를 글씨로 크게 써서 모셔도 좋고 그것도 할 수 없으면 다만 서향하여 염불할 것이다.

2. 운명하는 사람은 일심으로 염불할 것

운명하는 사람은 자기 일신상 일이나 집안일이나 세상사를 모두 방하착(放下着)하고 오직 극락왕생만을 발원하고 일심(一心)으로 염불할 것이며, 설사 병고(病苦)가 중하더라도 죽음을 두려워하지 말고 염불만 할 것이다.

이렇게 염불하는 사람은 만약 목숨이 다하였으면 반드시 극락에 왕생할 것이고 또 만약 목숨이 다하지 아니하였으면 병이 속히 나을 것이니 이는 매우 성실한 마음의 염불로 인하여 지난 세사의 업장(業障)을 없애 버리는 까닭이다.

그러나 잡념을 하거나 병이 나을 생각만 하고 염불을 성실하게 하지 아니한 사람은 왕생하지 못할 것이니 이는 병이 낫기만 바라고 왕생을 구하지 아니한 까닭이며 설사 목숨이 다하지 아니하였더라도 병이 속히 낫지 못하고 도리어 병고가 더하게 되느니라.

3. 다른 이는 염불을 권하며 조념(助念)할 것

행자가 평시에 염불법을 알고 법대로 수행한 사람도 운명할 때에 가족 친척들이 옆에서 조념(助念)함이 매우 유익하거니와, 염불을 알지 못하는 사람이나 염불을 하였더라도 성실히 수행하지 못한 사람의 운명할 때에는 조념 하는 것이 더욱 필요하다.

　그러나 운명할 사람이 조념 할 경우와 조념을 싫어하여 반대할 경우에는 조념하는 방법이 같지 아니하다.

　(1) 운명할 사람이 병이 없거나 병이 경하여 정신이 있고 조념을 희망 혹은 반대하지 않는 때에는 친족들이 반을 짜서 매일 교대로 염불하여 염불소리가 운명할 사람의 귀에 들리게 하며 운명할 때까지 계속하되, 소리의 높음과 낮은 것과 느린 것과 빠른 것과 목탁을 치는 여부는 운명할 사람의 의사에 의할 것이다.

　(2) 운명할 사람이 정신이 혼미(昏迷)하거나 병이 중하여 자신이 염불하지 못하더라도 조념하는 사람들은 매일 반을 짜서 교대하여 운명할 때까지 고성으로 염불할 것이고, 혹 운명할 사람이 염불하기를 싫어하거나 자기는 물론 조념까지도 반대할 경우에는 운명할 사람에게 염불소리를 듣는 것이 크게 이익 되는 것을 간절히 설명할 것이며, 운명할 사람이 듣고 듣지 않는 것에 불구하고 운명할 때까지 염불을 계속하는 것이 좋다.

4. 운명할 때의 좌와(坐臥)는 자유로 하게 할 것

평소에 염불을 하지 아니하였거나 성실하게 수행하지 못한 사람이면 운명할 때의 몸 가지는 태도를 자유에 맡길 것이고 억지로 서향하게 하지 말 것이다. 그러나 평시에 법대로 수행한 사람이면 운명할 때에 몸 가지는 태도에 다음의 세 가지가 있다

(1) 서향하여 전가부좌(全跏趺坐) 혹은 반가부좌(半跏趺坐)하고 합장(合掌)하거나 혹은 아미타불 수인(手印)을 맺고 염불하면서 운명 하는 것.

(2) 서향하여 오른쪽으로 누워 염불하는 것이니 이것을 길상유(吉相遊)라 한다. 석가모니불께서도 열반(涅槃)하실 적에 이렇게 누우셨다.

(3) 서향하여 곧게 서서 합장하거나 아미타불 수인을 맺고 운명하는 것의 세 가지다.

5. 가족의 주의할 일

가족이나 친족들은 운명할 사람에게 언어와 행동을 매우 조심하여 왕생의 큰일에 장애가 되지 않게 할 것이다.

(1) 운명할 사람에게 슬픈 기색을 보이거나 눈물을 흘리지 말 것이며,

(2) 운명할 사람에게 애정을 못 이기어 섭섭한 말이나 집안일이나 세상일을 말하지 말 것이며

(3) 요란하게 떠들지 말아야 한다.

이상과 같은 일로 인하여 운명하는 사람에게 슬픈 마음을 일으키거나 애정에 끌리거나 다른 일에 마음이 산란하게 되면 정념(正念)을 잃고 악도에 떨어지게 되는 것이다.

또 무당 판수 외도(外道)들이 하는 행사를 혼용하지 말 것이니, 이것은 해만 있고 이익이 없을 뿐만 아니라

불법의 위엄을 떨어뜨리는 까닭이 된다. 운명한 후에도 조념(助念)을 계속하되 염(殮)하는 시간을 제하고는 49일까지 영전(靈前)에서 가족들이 염불할 것이며 또 선지식(善知識)을 청하여 중유(中有)에게 설법하되 "중유가 어떠한 경계를 당하든지 조금도 마음을 움직이지 말고 서방 극락세계에 왕생하기를 발원하고 일심으로 나무아미타불을 염불하라"고 설명하여 들려주면 중유는 염불하는 소리와 선지식의 설법을 듣고 부처님의 힘을 얻어 극락에 왕생할 수 있는 것이다.

또 망자(亡者)가 정신을 잃은 후에 곧 울거나 옷을 갈아입히거나 손발을 거두거나 몸을 자리를 움직여서 옮기지 말고 신식(神識)이 다 떠나간 후에 최소한 8시간 이후에 행사하여야 한다.

그 이유는 시체에 만약 한 곳이라도 따뜻한 기운이 있으면 신식이 아직 다 떠난 것이 아니고, 그 시체가 다만 입으로 말만 못하고 몸을 움직이지 못할 뿐이고 지각(知覺)은 아직 남아 있으므로 이때에 우는 소리를 들으면 애정이 생기고 불법 생각이 식어지는 까닭으로 애정의 마음을 따라서 몇 번이고 형상을 바꾸어서 다시 태어나는 것에서 해탈(解脫)할 수 없고, 몸을 자리를 움직여서 옮기면 고통이 되어 성난 마음이 생기고 불법 생각이 적어져서 악도에 떨어지기 쉬우니라.

이때에 가장 이익을 얻는 것은 염불이 제일이고, 가장 해를 끼치고 왕생에 절대 불가한 것은 떠드는 소리나 흔드는 것이다.

또 우리나라에서 망인이 운명하자마자 손발을 거둔다고 손목과 발목을 묶어서 염(殮)할 때까지 두는 습관이 있으나 이것은 운명 후에 시체를 그대로 두면 골절이 굽어 굳어져서 염하기가 불편하다고 해서 하는 일이나 만일 신식이 시체에서 떠나기 전에 손발을 거두다가 신식이 고통을 느끼어 성이 나면 안 될 것이니, 손발을 거두지 말고 그대로 두는 것이 좋다.

그대로 두었다가 설사 굽어 굳더라도 뜨거운 물에 수

건을 담갔다가 물을 짜고 굳은 곳에 대어 두면 굳은 것이 부드러워지는 것이니 염려할 것 없다. 또 유가(儒家)의 습관인 초혼(招魂)도 부를 필요가 없으니 지성으로 염불하여 망자의 명복(冥福)을 빌면 부처님의 원력(願力)으로 명부(冥府)에 가지 않고 곧 극락으로 직행할 수 있는 것이다.

우리나라에서 흔히 시체를 염할 적에 금강경탑다라니 천수탑다라니 수구다라니 등을 넣어서 망인이 다라니의 공덕으로 선도(善導)에 태어나기를 원한다.

그러나 위의 다라니 외에 대관정광진언(大灌頂光眞言) 즉 광명진언(光明眞言)이 가장 좋으니 이것은 글자 수가 간단하여 20여 자에 불과하고 또 범자(梵字)의 획(劃)이 시체에 닿으면 정토에 태어난다는 게송(偈頌)이 있으니

진언범자촉시골(眞言梵字觸屍骨)
망자즉생정토중(亡者卽生淨土中)
견불문법친수기(見佛聞法親授記)
속증무상대보리(速證無上大菩提)

라 하였다.

망인을 위하여 복을 짓는 도(道)는 보시(布施)가 위주이며 그 중에서도 망인의 유물로 복을 짓는 것이 가장 좋으니 망인이 많은 이익을 얻는 까닭이다.

무상경(無常經)에는 "망인의 신구(新舊) 의복이나 몸에 따라 쓰던 물건을 세 부분으로 나누어 그 망인을 위하여 부처님, 달마(達磨), 승가에 보시하면 이로 인하여 망자의 업장이 가벼워지고 공덕 복리(福利)의 이익을 얻을 것이니 좋은 의복을 시체에 입혀 보내는 일은 하지 말라" 하였다.

그러므로 망인의 유산이 있으면 전폐(錢幣)로 바꾸어서 불상을 장엄하고 경전을 출판하고 승가에 보시할 것이며, 또 가난한 사람을 구제하고 생물(生物)을 놓아 보내는 등 유정에게 유익한 일을 할 것이다.

우바새계경(優婆塞戒經)에는 "만일 부모가 죽어서 아귀도에 낳았을 때에 그 자손이 망령(亡靈)을 위하여 복을 지으면 아귀가 곧 이익을 얻을 것이요, 만일 망령이 천도(天道)에 태어났으면 천도에는 뛰어나게 기묘한 보장(寶藏)을 성취하였으므로 인간의 물건을 생각하지 않을 것이고, 만약 지옥에 태어났다면 몸에 극심한 고를 받으므로 다른 생각을 할 겨를이 없고, 축생도 그러하며 아귀도 원래 애탐간린(愛貪慳隣)으로 인하여 아귀도에 떨어진 것이므로 아귀가 된 후에는 항상 그 허물을 후회하고 추천(追薦)의 이익을 생각하므로 그 이익을 얻는 것이니, 슬기가 많은 사람(智者의 뜻이다)은 아귀를 위하여 부지런히 복덕을 지을 것이라” 하였다.

관정수원왕생시방정토경(灌頂隨願往生十方淨土經)에는 “유정(有情)이 삼보를 믿지 않고 법계(法戒)를 행치 아니하다가 죽은 뒤에 삼도팔난(三途八難)에 떨어져서 모든 고통을 받을 적에 친족들이 망인을 위하여 복을 닦으면 7분(分) 중에 1분의 복을 망인이 얻는다” 하였고, 지장보살본원경(地藏菩薩本願經)에는 “세상에 있을 때 선인(善因)을 닦지 아니하고 많은 중죄를 지은 사람이 죽은 뒤에 그 친척들이 망인을 위하여 온갖 성사(聖事)를 지으면 망인은 7분의 1 공덕을 얻고 6분 공덕은 산 사람이 얻는다” 하였다.

6. 법사는 도행(道行)이 구족한 이를 청할 것

상중(喪中)에 법사를 청할 때에는 될 수 있는 대로 도행(道行)이 진정(眞正)하고 지해(智解)가 명철한 이를 택할 것이니, 법사의 계행(戒行)이 깨끗지 못하였거나 법요(法要)의 의식이 분명하지 못하거나 사리(私利)를 탐하는 일이 있거나 하면 중유(中有)가 신통력(神通力)이 있어서 아는 까닭으로 실망하거나 회한(悔恨)하여 성난 마음이 생기면 고취(苦趣)에 떨어지기 쉬우니라.

중국의 송(宋)나라 소흥년간(紹興年間)의 회음(淮陰) 때에 어떤 사람이 딸이 죽어 한식이 지나도록 천도(薦度)하지 못함을 한탄하여 그 어머니가 머리털을 잘라 팔아 돈 육백을 만들어 법사를 청하여 불사를 지으려 하였더니 마침 승려 다섯 사람이 문 앞을 지나가므로 맞아 들여서 불사를 청하였더니, 그 승려들이 서로 미루다가 그 중 한 승이 허락하고 금광명경(金光明經) 일부를 독송하여 회향하고 집으로 돌아가다가 노상에서 먼저 간 네 사람의 동행을 만나 술집에 들어갔더니 별안간에 창밖에서 소리하여 부르기를 "경 읽은 스님은 술을 마시지 말라" 하는지라 승이 누구냐고 물었더니 "나는 스님이 금광명경을 읽던 집 주인의 죽은 딸로서 오랫동안 어두운 데 빠져 있다가 법사의 독경 공덕으로 죄업(罪業)을 벗고 나오게 되었는데 법사가 만일 술을 먹어서 재(齋)를 깨트리면 나는 벗어날 수 없노라" 하고 어디론지 가버렸다.

그리하여 그 승려들은 이 말을 듣고 마침내 지계(持戒) 수행하여 성도(成道)하였다 한다.

7. 제사에 살생하지 말 것

제사(祭祀)에 생물(生物)을 죽이는 것은 크게 금하고 꺼려야 할 것이니, 즉 살생으로 인하여 중유(中有)가 악보(惡報)를 받게 되는 것이다. 중유가 살생하는 것을 보고는 살생하지 말라고 가족에게 이르지마는 가족이 알아듣지 못하고 살생하면 중유는 성난 마음을 내어 곧 악도(惡道)에 떨어지게 된다.

　그러므로 가족들은 제물에 살생하지 말고 소찬(素饌)으로 차리고 조객에게도 육류(肉類)를 대접하지 말 것이며 설사 조객에게는 불만이 있을망정 망인에게는 죄를 얻게 할 수는 없는 것이다.

　지장보살본원경(地藏菩薩本願經)에는 "너희들이 살생한 것으로 음식을 차려 놓고 아무리 절을 하고 제사를 지내더라도 망인에게는 터럭만큼도 이익이 되지 못하고 단지 죄연(罪緣)만 맺게 되어 죄가 더욱 깊고 무거워질 뿐이다.

　가령 내세나 현세에 성분(聖分)을 얻어서 인(人) 천(天) 중에 태어날 것이라도 죽게 된 때에 모든 식구들이 이 악인(惡人) 즉 살생 같은 것을 지은 인연으로 망인에게 해와 괴로움을 받게 되어 인(人), 천(天)에 낳는 일이 늦어질 것이거늘 하물며 망인이 생시에 조금도 선근이 없으면 각각 본업(本業)에 따라 스스로 악보(惡報)를 받게 되겠거늘 어찌하여 식구들의 잘못으로 망인의 업을 더하게 하랴.

　비유컨대 먼 곳에서 오는 사람이 양식은 끊어진 지가

삼일이 되었는데 등에 짊어진 짐은 무게가 백 근이 넘는데 만일 별안간에 이웃 사람을 만나서 또 다른 물건을 첨가한다면 짐이 무거워서 꼼짝할 수 없는 것과 같다"고 하였다.

8. 왕생의 징조와 서응(瑞應)에 구애되지 말 것

염불인 중에 극락에 왕생할 사람은 죽을 때에 이상한 징조나 여러 가지 길한 징조가 나타나는 것이 보이는 것이니, 염불인은 그런 일에 구애되지 말고 극락왕생만 발원하고 일심(一心)으로 염불만 할 것이다.

가령 길한 징조가 나타나는 것이 보이더라도 거기에 마음이 움직이어 염불이 한결같지 못하거나 염불을 중단하여서는 옳지 않으니, 길한 징조가 나타나는 것이 보일수록 더욱 침착하며 일심으로 염불을 계속할 것이며, 또 길한 징조가 나타나는 것이 보이지 않더라도 역시 일심으로 염불을 계속할 것이다.

부처님께서 중생들을 구제하시는데 현저히 하시기도
하고 은연히 하시기도 하여 범부로서는 추측할 수 없는
것이니 설사 일시에 길한 징조가 나타나는 것이 보이지
않더라도 그로 인하여 실망하지 말고 일심으로 염불할
것이다. 이 일심으로 염불하는 것이 극락에 왕생하는 요
결(要訣)이니라.

오직 아미타불 명호만 부른다면 성인이건 범부건 선한 자건
모두 다 극락세계에 왕생할 수 있다. 윤회를 벗어날 뿐만
아니라 또한 인천(人天)의 중생들을 널리 제도 할 수 있으니,
어찌 세간을 벗어나는 묘도(妙道)가 아니겠으며,
성불의 정인(正因:직접원인)이 아니겠는가. (古德)
- 염불수행대전

염불하여 왕생한 예

우리나라와 중국에서 극락에 왕생한 사람들이 심히 많으나 이들 가운데서 몇 사람만 다음에 적어 본다.

1. 우리나라 사람

(1) 광덕(光德)과 엄장(嚴莊)

신라의 문무왕(文武王)때에 광덕(光德) 엄장(嚴莊)두 사문(沙門)이 있어 사이가 매우 두터워서 항상 서로 약속하기를 먼저 극락에 가는 사람이 뒤 사람에게 알려 주자고 하였다. 광덕은 경상북도 경주에 있는 분황사 서쪽 마을에 은거하면서 신 삼는 일을 업으로 하고 아내를 두고 살았고 엄장은 남악(南岳)에 있으면서 농사를 짓고 혼자 살았다.

하루는 석양볕이 산마루에 옆으로 비스더미 비치어 솔나무 그늘이 고요히 내리는데 광덕이 창 밖에서 "나는 벌써 서방 극락에 갔으니 그대는 잘 있다가 나를 따라 오라" 하는 소리에 엄장이 문을 열고 나가 보니 구름 속에서 풍악 소리가 들리며 광명이 땅에까지 뻗치었다.

이튿날 광덕을 찾아가 보니 과연 죽었다.

엄장은 광덕의 아내와 함께 장사를 치르고 그 아내에게 "광덕이 죽었으니 나와 함께 사는 것이 어떠한가?" 하였더니 그 아내가 허락하므로 그 집에 그대로 머물러 살다가 어느 날 동침을 요구하였더니 아내는 이상하게 여기면서 "스님이 정토에 왕생하려 함은 마치 나무에 올라가서 생선을 잡으려 함과 같소." 하였다.

그러므로 엄장이 "광덕도 그랬을 터인데 어찌하여 나는 그렇지 못하는가." 하였다.

아내는 또 말하기를 "남편이 나와 십년을 같이 살았지만 한 번도 한 자리에서 잔 적이 없었는데 하물며 몸을 더럽힐 리가 있으랴. 남편은 매일 단정히 앉아서 일심으로 아미타불을 염불하거나 혹은 십육관(十六觀)을 닦았으며 그러다가 관(觀)이 성취되고 달빛이 창틈으로 들어오면 달빛 위에 올라가 가부좌하고 앉아서 지성으로 공부하였으니, 그리고야 서방 극락세계에 아니 가고 어디로 가겠소. 천리 길을 가는 사람은 첫 걸음부터 알 수 있다는데 이제 스님의 하는 것을 보면 동으로는 갈지 모르나 서방으로는 갈 것 같지 않습니다." 하였다.

엄장은 망신을 톡톡히 당하고 부끄럽게 여겨 돌아 와서 원효(元曉)스님을 찾아보고 정성껏 공부하는 방법을 물었더니 원효스님은 쟁관(諍觀)하는 법을 가르쳐 주었다. 엄장은 그 후부터 일심(一心)으로 관(觀)을 닦다가 역시 서방 정토에 왕생하였다.

(2) 욱면(郁面)

신라 경덕왕(景德王) 때 강주(康州), 지금의 진주에 선 남자 수십 명이 모여 서방에 왕생하기를 원하여 그 고을 경내에 미타사(彌陀寺)를 처음으로 세우고 만일 기한으로 염불회를 결성하고 염불하였다.

이때 아간귀진(阿干貴珍) 집의 계집종 욱면이 상전(上典)을 따라와서 길 뜰 가운데 서서 염불을 하곤 하였다.

주인이 저 할 일을 아니하고 따라 와서 염불하는 것을 밉게 여겨 매일 곡식 두 섬씩을 주면서 하루 저녁에 찧게 하였더니, 욱면은 1경(更)쯤 되어 벌써 찧어 마치고 곧 절에 가서 또 염불을 하면서 밤낮으로 게으르지 아니하였다.

마당 가운데 좌우 양쪽에 긴 말뚝을 세우고 두 손바닥을 노끈으로 말뚝에 메고 합장(合掌)한 채로 좌우로 왔다 갔다 하면서 지성으로 수행하더니 한 번은 공중에서 소리 나면서 "욱면 아씨도 법당에 들어가서 염불하라" 하는 것이었다.

대중이 이 소리를 듣고는 욱면을 권하여 법당에 들어

가서 대중과 함께 염불하게 하였다.

그러한지 얼마 후에 하늘 풍악이 서쪽에서 들려오면서 욱면이 자리에서 솟아서 지붕을 뚫고 공중으로 올라가서 서쪽으로 향하더니 교외에 이르러 형체를 버리고 진신(眞身)을 나타내어 연화 위에 앉아 광명을 놓으면서 천천히 서방으로 가는데 풍악 소리가 그치지 아니하였다.

승전(僧傳)에는 동량화주(棟樑化主) 팔진(八珍)은 관음보살이 변하여 나타나신 것으로 신도 천인을 데리고 있으면서 두 반으로 나누어 한 반은 노력을 제공하고 한 반은 수행하였다.

노력하는 반에서 일 보는 사람이 계를 지키지 못하고 축생도에 떨어져서 부석사(浮石寺)의 소가 되어 항상 경(經)을 싣고 다니더니 경을 실었던 공력(功力)으로 아간 귀진의 집에 변해 낳아서 계집종이 되었으니 이름이 욱면이라, 볼 일이 있어 하가산(下柯山)에 갔다가 꿈을 꾸고 보리심(菩提心)을 발하였다 한다.

아간(阿干)의 집이 혜숙법사(惠宿法師)가 처음으로 세운 미타사에서 떨어진 거리가 멀지 아니하였고 아간이 매양 미타사에 가서 염불하였는데 욱면도 따라 가서 뜰 가운데서 염불하였다 하며, 이렇게 염불하기 9년 동안 을미년 정월 21일에 예불하다가 지붕을 뚫고 공중으로 올라 가다가 소백산에 가서 신 한 짝을 떨어 뜨렸는데 그곳에 보리사(菩提寺)를 지었고, 산 밑에 이르러 육신을 버렸는데 그 곳에 제2 보리사를 짓고 현판을 '욱면 등천 지천'이라 하였다 한다.

(3) 염불사(念佛師)

경주의 남산 동쪽에 피리촌(避里村)이 있고 촌 중에 절이 있으니 이름을 피리사(避里寺)라 하였다.

그 절에 스님이 있으나 이름을 말하지 않았다. 항상 아미타불을 염불하는 소리가 성중(城中) 삼백육십 방(坊) 십칠만 호(戶)가 다 같이 듣게 되는데 그 소리가 크지도 작지도 않고 언제나 한결같이 들리었다. 그래서 사람들이 이상하다고 존경 하면서 '염불스님'이라고 불렀다.

염불스님이 입적한 뒤에 흙으로 등상을 만들어서 민장사(敏藏寺)에 모시고 그가 있던 피리사는 염불사라고 이름을 고치고 그 절 곁에 있는 작은 절 이름을 양피사(讓避寺)라 하였다.

(4) 포천산(布川山)의 다섯 비구

삽양주 동북 이십 리 쯤에 포천산이 있고 산 중에 석굴(石窟)이 있어 매우 이상하고 고와서 마치 사람이 일부러 파서 만든 것 같았다.

다섯 비구가 그 굴에 와 있었는데 이름은 알 수 없고 항상 아미타불을 염불하기 수십 년이 되었다.

하루는 문득 성중(聖衆)이 서쪽으로부터 와서 맞으므로 다섯 비구가 각각 연대(連臺)에 올라 앉아 공중에 떠서 가다가 통도사 문밖에 이르러 유연(留連) 하면서 하늘 풍악이 잡히었다.

절 승이 나가 보니 다섯 비구가 무상(無常) 고(苦) 공

(空)의 이치를 풀어 밝히고는 육신을 벗어 버리고 대광
명(大光明)을 놓으면서 서쪽으로 가버렸다. 육신을 버린
곳에 스님들이 정사(亭榭)를 짓고 치루(置樓)라 이름 하
였는데, 지금도 있다 한다.

(5) 발징화상(發徵和尙)

신라 경덕왕(景德王) 때 발징화상이 건봉사(乾鳳寺)에서
염불만일회(念佛萬日會)를 설치하고 지성으로 염불하다가
도반(道伴) 31명과 함께 허공으로 올라가 왕생한 일은
제3장 5에 있다.

2. 중국 사람

(1) 혜원대사(慧遠大師: 蓮宗 初祖)

대사는 동진(東晋) 때 안문(雁門)의 번루(煩樓) 사람으로 성은 가(賈)씨요 이름은 혜원(慧遠)이다.

나이 31세에 출가하고 태원(太元)15년에 여산(廬山)의 동림사(東林寺)에서 승속(僧俗) 123인과 함께 백련사(白蓮社)를 결성하고 염불 수행하면서 30년 동안 산 밖에 나가지 아니하고 처음 11년 동안에 세 번이나 성상(聖像)을 뵈었으나 말하지 아니하였다.

그 후 19년 만에 즉, 의희(義熙)12년(서기 416년) 7월 그믐날에 정(定)에서 일어날 때에 아미타불신(身)이 허공에 가득하고 원광(圓光) 속에 무수한 화신(化身)이 있으며 관음 세지 두 보살이 모시고 서 계셨는데, 아미타불이 말씀하시기를 "내가 본원력(本願力)으로 와서 너를 위안하노니 네가 7일 후에는 마땅히 내 나라에 나리라" 하시고 또 불타야사(佛陀耶舍) 혜지(慧持) 혜영(慧永) 유정지(劉程之) 등이 옆에 있다가 읍(揖)하면서 "사(師)가 우리보다 먼저 뜻을 세웠는데 지금에야 오십니다 그려" 하였다.

이해 8월 초하룻날에 병이 나더니 초엿새 날에 도중(徒衆)을 모아 훈계하고 단정하게 앉아서 입적하니 나이가 83세이다.

(2) 선도대사(善導大師, 연종 제2조)

대사는 당나라 사람으로 정관년(貞觀年) 중에 서하(西河) 도작선사(道綽禪師)의 구품도량(九品道場)을 보고 기뻐하여 말하기를 "이것이 참으로 불(佛)에 들어가는 진요(津要)니 다른 행업(行業)을 닦아서는 우벽(迂僻)하여 성취하기 어렵고 오직 이 법문이라야 속히 생사를 초출(超出)하리라" 하고 이에 주야로 예송(禮誦)하되 집에 있어서는 장괴(長跪) 창불(唱佛)하고 밖에 나가서는 정토법문을 연설하기 30여 년 동안 잠을 자지 아니하며 계행(戒行)을 깨끗이 가져 범치 아니하였다.

좋은 음식은 남에게 주고 나쁜 것은 자기가 먹으며 가사(袈裟)와 병발(瓶鉢) 등도 자기가 지고 다니며 다른 사람에게 의뢰하지 아니하였으며, 타인과 동행하면 세상의 일을 말하게 된다고 항상 혼자 다녔다.

또 아미타경 십만여 권을 쓰고 정토변상(淨土變相) 삼백 벽을 그렸으며 탑(塔)과 절을 수리하며 영조(營造)하고 항상 사람을 교화하였다 그의 교화를 받은 사람 중에는 아미타경은 십만 번 내지 오십만 번을 외운 이가 있고 불명(佛名)을 만 번 내지 십만 번을 일과로 하는 이도 있어서, 그 중에 염불삼매(念佛三昧)를 얻어 정토에 왕생한 이도 많았다.

어떤 이가 "염불하면 정토에 왕생하느냐?" 물으면,
대사는 답하되 "나와 같이 염불하면 너의 소원을 이루리라" 하고 대사가 이에 스스로 1성(聲)을 염불하니 한 광명이 입에서 나오고 십 성하고 백 성하매 광명 또한 이 수 대로 나왔다.

대사가 하루는 "나는 이제 서방정토로 돌아가겠다" 하고 절 앞에 있는 버드나무에 올라가서 서향하여 축원하되 "부처님이 나를 접인(接引)하시고 보살들이 나를 도우

시어 나로 하여금 정념(正念)을 잃지 않고 안양(安養 곧 極樂)에 왕생케 하소서" 하고 몸을 던져서 죽으니 고종 (高宗)이 그 신이(神異)함을 알고 절 현판을 내려 주면서 '광명(光明)'이라 하였다.

南無阿彌陀佛

善導大師
彌陀化身
創淨土宗
楷定古今
本願稱名
凡夫入報
平生業成
現生不退

(3) 영명지각 연수대사(永明知覺 延壽大師: 연종 제6조)

대사는 북송 때의 단양(丹陽) 사람으로 이름은 연수(延壽), 자(字)는 충현(沖玄)이고 호는 포일자(抱一子)이다.

나이 삼십이 넘어서 출가하여 영명사(永明寺)에 머물렀으므로 세상에서 영명선사(永明禪師)라 칭하였고 또 오월(吳越)의 충의왕(忠懿王)이 지각선사(知覺禪師)라 호를 내려 주었다.

대사가 출가 후 처음에 선종의 법안종(法眼宗)에 속하였다가 뒤에 염불의 정업(淨業)을 전수(專修)하여 매일 일백팔사(一百八事)를 행하여 밤에는 별봉(別峰)에 가서 행도염불(行道念佛) 하는데 옆의 사람들이 천악(天樂)소리를 들었다.

대사는 십오 년 동안 영명사에 있으면서 제자 천칠백 인을 출가시켰고 계(戒)를 준 것이 만여 인, 사십만 본(本)의 미타탑(彌陀塔)을 찍어서 보시하고 또 관음변재(觀音辯才)로써 염불을 권장하여 연종(蓮宗)을 널리 퍼뜨려 실행되게 진력하였는데, 세상에서 지씨(慈氏: 미륵보살)가 하생(下生)하였다 칭한다.

대사는 임종 때에 갈 때를 미리 알고 개보(開寶)8년 2월 26일 새벽에 일어나 분향한 후 가부좌하고 앉아서 화(化)하였다 수가 72세이다.

(4) 운서연지 주굉대사(雲棲蓮池株宏大師, 연종 제8조)

대사는 명(明)나라 때 항주(杭州) 인화현(仁和縣) 사람으로 성은 심씨(沈氏), 이름은 주굉(株宏), 자는 불혜(佛慧)이고, 호는 연지(蓮池)이다. 대사는 사십이 넘어서 출가 하였는데 세상에서 연지대사(蓮池大師) 또는 운서화상(雲棲和尙)이라 불렀다.

처음에 대사의 이웃집에 한 노파가 있어서 불명(佛名) 수천 번을 일과로 부르므로 그 연고(緣故)를 물으니 노파가 말하기를 "선부(先夫)가 염불하다가 병 없이 죽었다"는 말을 듣고 염불 공덕이 불가사의함을 알고는 그 후부터 정토에 마음을 두어 안두(案頭)에 '생사사대(生死事大)' 넉 자를 써서 스스로 경책(警策)하고, 그 후에 선종의 제사(諸師)를 만나 진리를 깨달았으나 더욱 연종을 널리 퍼뜨려 실행되게 전력하여 널리 염불을 권장하였다.

대사는 계살문(戒殺文) 등을 지어 계율을 다시 일으키고 중선(衆善)을 널리 닦아서 정업(淨業)에 자(資)하고 또 아미타경소초(阿彌陀經疏抄) 등의 저서가 많이 있는데, 후세 사람이 집록(集錄)하여 운서법휘(雲棲法彙)라 하였다.

대사가 만력(萬曆)40년 7월 7일 저녁에 말하기를 "나는 내일 가겠다" 하더니 이튿날 저녁에 미질(微疾)이 있어 눈을 감고 앉았다가 다시 눈을 뜨고 대중에게 말하기를 "노실(老實)하게 염불하라" 하고 서향하여 염불하면서 앉아서 화(化)하니 나이 81세이다.

(5) 승예(僧叡)

진(晉)나라 때의 장악(長樂) 사람으로 여산(廬山)에 들어가 혜원(慧遠)에 의하여 염불의 정업(淨業)을 닦아서 안양(安養: 極樂)에 왕생하기를 원하여 행, 주, 좌, 와 중에 서방정토를 등지지 않더니 원가(元嘉)16년에 병 없이 문득 승중(僧衆)을 모아 작별을 고하고 목욕한 후에 서향하여 앉아서 합장하고 화(化)하니 오색향연(五色香煙)이 가득하였다. 나이 67세이더라.

(6) 유정지(劉程之)

진(晉)나라의 팽성(彭城) 사람으로 성은 유(劉)씨 이름은 정지(程之)이고 자(字)는 중사(仲思), 호(號)는 유민(遺民)이다.

정지(程之)는 처음에 부참군(俘傪軍)이 되었다가 공경(公卿)들의 인천(引薦)을 모두 사퇴하고 여산(廬山)에 들어가서 혜원대사(慧遠大師)와 함께 백련사(白蓮社)를 결성하고 정토업(淨土業)을 닦았다.

정지가 정중(定中)에 불광(佛光)이 땅에 비치어 금색
이 되는 것을 보았고 또 염불할 때에 아미타불의 옥호
광(玉毫光)이 비치며 손을 드리워 위접(慰接)하시는 것을
뵈옵고 정지가 "어찌 감히 여래께서 나의 정수리를 만지
시며 옷으로 덮어 주시기를 바라겠습니까" 하니, 부처님
이 이마를 만지시며 가사를 끌어 덮어 주셨고, 다른 날
꿈에는 칠보지(七寶池)에 들어가 청백색의 연화를 보고
그 물이 잠잠한데 목에 원광(圓光)이 있고 가슴에 만자
가 있는 사람이 연못물을 가리키면서 "팔공덕수(八功德
水)를 마시라" 하매 정지가 그 물을 마셨더니, 맛이 달
고 꿈이 깬 뒤에도 이상야릇하게 좋은 향기가 털구멍에
서 발하는지라.

이에 대중에게 말하기를 "내게 정토의 연(緣)이 왔다"
하고 불상에 분향재배하면서 축원하기를 "내가 석가모니
불이 남기신 가르침에 의하여 아미타불이 계신 것을 알
았으니, 이 향을 석가여래께 공양하고 다음에 아미타불

과 묘법연화경(妙法連華經)에 공공양하고 일체 유정(有情)이 모두 정토에 왕생하길 원하나이다." 하고 서향하여 합장하고 앉아서 화(化)하니 때는 진의희(晋義熙)6년이요. 수가 59세이다.

(7) 문언박(文彦博)

송(宋)나라 때에 분주(分州) 개휴(介休)의 사람인데 자(字)는 관부(寬夫)이다. 송나라의 인(仁) 영(英) 철(哲)의 네 왕조(王朝)에 역사(歷仕)하여 출장입상(出將入相)한 지 50여 년에 벼슬이 태사(太師)에 이르고 역경윤문사(譯經潤文使)를 겸하여 노국공(樋國公)을 봉하였다.

노국공이 원래 불법에 귀의하여 만년에는 아미타불을 전념(專念)하고 발원하기를 "내가 항상 잡념을 버리고 오로지 불도에만 열중하여 일체선(一切善)을 근수(勤修)하기를 원하며 내가 심종(心宗)을 깨닫고 널리 모든 함식(含識)을 제도하기를 원한다" 하고 경사(京師)에 있어서 정엄법사(淨儼法師)로 더불어 십만 인을 모아 정토회(淨

土會)를 만들었더니, 사대부를 쫓는 이가 많았고 임종에 안연(晏然)히 염불하며 앉아서 화(化)하니 92세이다.

(8) 왕일휴(王日休)

송(宋)나라 때의 여주(盧州) 용서(龍舒) 사람으로 자(字)는 허중(虛中)이다. 사람됨이 마음이 바르고 얌전하며 검소하고 깨끗하였으며 고종조(高宗朝)에 국학진사(國學進士)가 되었으나 벼슬을 버리고 나가지 아니하였다. 경사(經史)에 박통(博通)하였으나 하루아침에 버리고 말하기를 "이것은 다 업습(業習)이요, 구경법(究竟法)이 아니니 나는 서방으로 돌아간다" 하고 그로부터 염불에 잡념을 버리고 오로지 불도에만 열중하였고 나이 육십에 포의소식(布衣蔬食)으로 천 배(拜)를 하며 용서정토문(龍舒淨土文)을 지었는데, 왕공(王公) 사대부로부터 도자(屠者) 걸개(乞丐) 노복(奴僕) 비자(婢子) 배우(俳優) 기녀(妓女) 등에 이르기까지 정토법문으로 귀의하기를 권인(勸引)하였으며, 쉬운 말로써 간곡히 알아듣게 일러 주는 것이 부형이 자제를 교훈하듯이 하였다.

왕일휴는 명종(命終)하기 3일 전에 여러 친지에게 작별을 고하며 다시 보지 못하겠다는 말이 있더니, 기일에 이르러 평소와 같이 염불하다가 문득 큰 소리로 '아미타불'을 부르고 "부처님이 와서 맞으신다" 하면서 서서 화(化)하였다.

(9) 서뢰(徐雷)

중화민국 절강(浙江) 낙청(樂淸) 사람으로 음주와 야유(冶遊)를 좋아하여 팽할(烹割) 음연(飮讌)이 비는 날이 없더니 경신년(庚申年) 즉 1920년 정월 보름날 밤에 어떤 사람의 수족을 네 기둥에 얽어매고 두 귀졸(鬼卒)들이 몽둥이로 그 등을 치는데 참혹하기 이를 데 없었다.

　서뢰가 가까이 가서 보니 곧 자기라 놀랍고 두려운 중에 사지(四肢)는 얽어매었고 등에는 통격(痛擊)을 받으므로 아픔을 참지 못하여 큰 소리로 부르짖더니 공중에서 염불 소리가 나는 것을 듣고 따라서 염불하다가 깨어나니 등이 아직도 아픈지라 대단히 무서워서 평일에 사행(邪行)하던 것을 생각하니 부끄럽고 후회되기 짝이 없었다.

　곧 맹성(猛省)하여 "내가 들으니 불도를 배우면 가히 생사(生死)를 끝낼 수도 있고 지옥의 고를 면할 수도 있다더라" 하고 그 후부터 앞서 저지른 악행을 통절히 고치고 매일 아미타불의 명호(名號)와 화엄경 보현행원품(華嚴經 普賢行願品)을 외우더니 하루는 저녁에 그 처에게 말하기를 "내일은 불보살이 오셔서 나를 접인(接引)하실 터이니 방을 깨끗하게 하고 분향 예배하라" 하고 이튿날에 목욕한 뒤에 옷을 갈아입고 단정히 앉아서 염불하면서 죽었다.

(10) 정진니(淨眞尼)

당 나라 때의 비구니로 장안(長安)의 적선사(積善寺)에 있으면서 열성 있고 진실하게 염불하더니, 하루는 제자들에게 말하기를 "다섯 달 동안에 열 번 부처님을 뵈었고 또 보연화(寶蓮華) 위에 동자가 유희하는 것을 보았으니, 나는 상품생(上品生)을 얻었노라" 하고 가부좌하고 화(化)하니 서광(瑞光)이 절 안에 가득하였다.

(11) 과인니(果仁尼)

중화민국 팽택(彭澤) 도(陶)씨의 딸로 광서(光緒) 병오년(丙午年)에 읍(邑)의 정토암(淨土庵)에서 출가하여 중화민국 원년(元年) 즉 서기 1913년에 정토법문을 듣고 곧 신심을 발하여 부지런히 염불하더니 갑자년(甲子年) 겨울에 대단하지 않은 병이 있었는데, 그 도제(徒弟) 상삼(常參)이 섣달 8일 꿈에는 동자 넷이 앞에서 당번(幢幡)을 들고 또 네 사람은 뒤에서 교자(轎子)를 메고 말하기를 "이 집 사장(師丈)을 접인(接引)하여 서방으로 간다"하였고, 다음 해인 을축년(乙丑年) 4월 20일 과인니의 꿈에는 어떤 스님이 왼손에는 연화발(蓮華鉢)을 들고 오른손은 아래로 드리워 무릎을 지나는데 과인니에게 말하기를 "너는 마땅히 6월 5일에 연좌(蓮座)에 오른다" 하였다.

또 6월 3일 상삼(常參)의 꿈에는 어떤 스님의 신장이 열 자가 넘으며 붉은 가사(袈裟)를 입고 가슴 앞에 한 가닥의 띠를 비스듬히 걸었는데 '나무서방아미타불'이라 썼고 머리에는 연꽃잎 모지를 쓰고 이마에는 백연화(白蓮華) 일타(一朶)를 나타내고, 한 부처님이 그 위에 가부좌하고 앉으셔서 "이 집 사장(師丈)을 청하여 같이 간다" 하셨다.

6월 초5일에 과인니가 서쪽으로 돌아 갈 것을 예언하여 도제들이 와서 조념(助念)하였고 점심 후에 과인니가 대중에게 이르기를 "날씨가 매우 덥고 나는 무시(戊時)에 갈 터이니 각기 집에 돌아가서 목욕하고 다시 와도 늦지 않다" 하였다.

그래서 대중이 제 각기 집으로 돌아갔다가 다시 와서

보니 과인니는 가부좌하고 앉아서 염불 수성(數聲)에 화거(化去)하였다.

이튿날 감(龕)에 넣었을 때에도 용모가 생시와 같았고 유서에 의하여 골회(骨灰)를 길에 흩으려 뜨려 중생의 연(緣)을 맺었다.

정토법문은 무쇠를 황금으로 바꾸는
법문입니다. 설사 우리가 여기서
몹시 어리석고 심지어 몇 글자를 모른다
하더라도 왕생을 하고 나면
불성이 바로 현전하여
한량없는 자비·지혜·원력·변재
백천다라니·삼명육통을
전부 구족하게 되므로
당신이 현재 무엇을 배우고
얼마를 쌓고가 필요치 않습니다.
— 정토석의 淨土釋疑

(12) 독고황후(獨孤皇后)

수(隨)나라 문제(文帝)의 황후(皇后)로서 성은 독고(獨孤)이다. 황후는 비록 궁중에 있으나 깊이 여질(女質)을 싫어하고 대승(大乘)을 존경하고 사모하여 항상 아미타불을 염불하며, 염불할 때에는 반드시 먼저 정의(淨衣)를 갈아입고 침수향(沈水香)을 씹어서 입을 깨끗이 하였다.

인수(仁壽) 2년 즉 서기 602년 8월 갑자일에 영안궁(永安宮)에서 죽었는데, 이상야릇하게 좋은 향기가 방안에 가득하고 천악(天樂)이 하늘에서 떨쳐 울렸다.

문제(文帝)가 범승(梵僧) 사제사나에게 "무슨 길조(吉兆)이냐?"고 물었더니, 범승은 "정토에 아미타불이 계시는데 황후가 정토에 왕생하셨으므로 이런 길조가 있는 것입니다" 라고 대답하였다.

(13) 왕씨(王氏)

송(宋)나라 형왕(王)의 부인으로 성은 왕씨인데, 정업 (淨業)을 한결같은 마음으로 닦아 밤과 낮에 끊임없이 쉬지 아니하였고 모든 첩과 계집종들을 인도하여 서방정 토에 마음을 돌리게 하였는데, 그 중의 한 첩이 게으르 므로 왕부인이 꾸짖기를 "너 한 사람으로 나의 규구(規 矩: 규칙)를 깨뜨릴 수 없다"고 하니 그 첩이 뉘우치고 마 음을 단단히 먹고 정력을 다하여 나가다가 하루는 동무 들에게 말하여 "나는 가노라" 하더니, 그날 밤에 이상야 릇하게 좋은 향기가 방안에 가득하면서 병 없이 죽었다.

이튿날 그 동무가 왕부인에게 말하기를, 꿈에 죽은 첩 을 만났는데 "부인의 훈책(訓責)으로 말미암아 서방에 왕 생케 되어 은덕을 느낌이 무량 하노라" 하거늘 그 사실 을 부인에게 말하였더니, 왕부인은 내가 꿈을 꾸어야 믿 겠다 하더니 그날 밤 부인의 꿈에 죽은 첩이 나타나 여 전히 그렇게 치사하는지라 부인은 "나도 서방정토에 가 볼 수 있느냐?" 하니 첩이 "갈 수 있다" 하면서 죽은 첩 이 부인을 인도하여 한 곳에 이르니 큰 연못 속에 연화가 있는데 크고 작은 것이 간착(間錯)하였으며 혹은 성하게 잘 된 것도 있고 혹은 시들은 것도 있거늘 부인이 그 연고를 물으니, 죽은 첩이 말하기를 "세상 사람이 서방정토를 닦는 이가 겨우 일념(一念)을 발하여도 이 못에 연꽃 한 송이가 생기는데 정력을 다하여 나가는 이는 성하게 잘되고 게으른 이는 시드는 것이니 만일 오래오래 정력을 다하여 나가서 쉬지 아니하면 염(念)이 성숙하고 관(觀)이 성취되어 육신을 버리고 이 가운데에 태어나는 것입니다." 하는데, 그 중에 한 사람은 조복(朝服)을 입고 보관(寶冠) 영락(瓔珞)으로 몸을 장엄하고 앉았으므로 부인이 누구냐고 물으니, 죽은 첩이 말하기를 "양걸(楊傑)입니다." 라고 한다.

또 한 사람은 조복(朝服)을 입고 앉았으나 꽃이 시들었으므로 누구냐고 물으니 죽은 첩이 마우(馬玗)라 한다.
부인이 "나는 어느 곳에 나느냐?" 물었더니 죽은 첩이 부인을 인도하여 수리(數理)를 가서 바라보니 한 화대(華臺)가 황금색과 푸른색이 찬란하고 광명이 휘황(輝惶)한데 죽은 첩이 "이것이 부인의 생처(生處)로서 금대

(金臺) 상품상생(上品上生)입니다" 라고 하였다.

　부인이 꿈을 깨니 기쁨과 슬픔이 교집(交集)한다.

　부인은 이 해 생일에 일찍 일어나 향로를 받들고 관음각(觀音閣)을 바라보면서 섰거늘, 권속들이 앞에 가서 자세히 보니 이미 화거(化去)하였다.

(14) 염불파(念佛婆)

　원(元)나라 때에 어떤 염불할머니가 있었는데, 지순(至順) 원년(元年) 경오년(庚午年) 즉 서기 1320년에 절서지방(浙西地方)에 여러 해 흉년이 들어 굶어 죽는 이가 많았다.

　굶어 죽은 송장들을 육화탑(六和塔) 뒷산 큰 구렁에 가져다가 버렸더니, 그 중에 한 여자 송장은 수십 일을 지내어서도 썩지 아니하고 언제나 여러 송장들 위에 올라와 있는지라 이상하게 여겨 그 송장의 몸을 뒤져 본 즉 품속에 작은 주머니가 있고, 그 속에 '아미타불도(阿彌陀佛圖)' 세 폭이 들어 있었다.

이 일을 관청에서 알게 되어 관(棺)에 넣어 화장하였는데 화염(火炎) 중에 보살 상(像)이 나타나고 광명이 찬란하였다. 이로 인하여 발심 염불하는 이가 심히 많았다한다.

(15) 장선화(張善和)

당(唐)나라 때 사람으로 소 잡는 직업을 하였더니, 임종 때에 수십 마리 소가 사람의 말을 하면서 "네가 나를 죽였으니 내 목숨을 도로 내노라" 하므로 장선화는 대단히 무서워서 처를 불러 "급히 스님을 청하여 염불하게 하여 달라" 하므로 처가 스님을 청하니, 스님이 와서 말하기를 "관경(觀經)에 말씀하시기를 '만일 중생이 불선업(不善業)을 지어서 마땅히 악도(惡道)에 떨어질 사람이라도 아미타불을 지성으로 십념(十念)하면 팔십억 겁(劫)의 생사(生死)의 죄를 없애 버리고 곧 극락세계에 왕생한다' 하셨으니 곧 염불하라" 하였다.

장선화는 지옥이 조금의 여유도 없이 매우 급하게 되

었으니 향로를 가져 올 겨를이 없다 하면서 왼 손으로 불을 들고 오른 손으로 향을 잡고서 서향하여 소리를 높여 염불하니, 십성(十聲)이 차기도 전에 문득 말하기를 "부처님이 오시어서 나를 맞으신다" 하고 죽었다.

지옥이 조금의 여유도 없이 매우 급한 것을 보고 안타깝고 황급하여 그 간절한 정성이 다시 딴 생각이 없으므로 이때의 십념이 다른 때의 백천만억 념(念)을 초과하는 것이니 결정코 왕생하는 이치가 실로 이와 같은 것이다.

- 끝 -

연지대사(蓮池大師, 1532~1612)

중국 명(明)나라 때의 고승. 자는 불혜(佛慧), 호는 연지(蓮池)이다. 1571년 항주(杭州)에 있는 운서산에 들어가 염불삼매를 수행하여 깨쳤다.정토종 제8대 조사로 추앙받고 있으며, 자백선사, 감산선사, 묘익선사와 함께 명나라의 4대 고승의 한 분으로 불리우고 있다. 저서로는 〈왕생집〉 3권과 〈능엄경모상기〉 1권이 있고, 〈선관책진〉, 〈범망경소발은〉, 〈아미타경소초〉, 〈화엄경감응략기〉 등 30여 가지가 전하여진다.

서방원문

西方願文

연지대사

서방정토 극락세계 대교주로 계시면서
만중생을 제도하는 아미타불 부처님께
지성으로 귀의하며 왕생극락 발원하니
자비하신 원력으로 굽어살펴 주옵소서

네가지의 큰은혜를 저희에게 베푼이와
삼계고해 중생들을 진심으로 위하여서
부처님의 크고넓은 무상대도 이루려고
아미타불 광명성호 지성으로 외우오니

극락세계 왕생하여 성불하길 비나이다

업의장애 두터웁고 복과지혜 미천하며
이마음은 더러움에 물들기가 매우쉬워

청정공덕 이루기가 태산처럼 어려우니
제가이제 아미타불 부처님께 나아가서
지성으로 예배하고 참회발원 하려오니
아미타불 원력으로 굽어살펴 주옵소서

저희들이 끝이없는 옛적부터 오늘날에
이르도록 몸과입과 마음으로 한량없이
지은죄를 지성으로 참회하니 태양광에
눈녹듯이 모든죄업 사라지고 오늘부터

발원하여 죄짓는일 멀리하고 다시짓지
아니하며 보살도를 항상닦아 물러나지
아니하며 무상정각 이루어서 만중생을
제도코자 일심발원 하나이다

아미타불 님이시여 대자대비 원력으로
저를증명 하시옵고 어여쁘게 여기시고

가피하여 주시어서 선정이나 꿈속이나
거룩하신 아미타불 대광명이 보여지다

장엄하신 온국토에 감로비를 뿌리시고
대광명을 비추시니 업의장애 소멸되고
선근공덕 자라나며 번뇌망상 없어지고

근본무명 깨어져서 대원각의 묘한마음
뚜렷하게 열리어서 상적광토 참세계가
항상앞에 나타나리

이내목숨 마칠때에 그시기를 미리알아
여러가지 병고액난 몸속에서 없어지고
탐진치의 온갖번뇌 씻은듯이 사라지며
육근경계 화락하고 한생각이 분명하여
선정삼매 깊이들어 이내몸을 뒤로하고
왕생극락 하여지다

극락가는 바로이때 아미타불 부처님과
관음세지 보살님과 청정해회 성중께서
광명으로 맞이하고 대자비로 인도하여

높고넓은 누각들과 아름다운 깃발들과
맑은향기 고운음악 찬란하게 나투시어
극락세계 인도하여 주옵소서

이경계를 보는이와 이경계를 듣는이들
크게기뻐 감격하여 위가없는 보리심을
모두함께 받아지녀 이내몸은 연화보좌
금강대에 올라앉아 아미타불 뒤를따라
극락정토 나아가리

칠보장엄 연못속에 상품상생 하고나서
불보살님 설하시는 무상법문 알아듣고
무생법인 깨닫고서 부처님을 섬기옵고
성불수기 받아지녀 삼신사지 오안육통

백천가지 다라니와 크고넓은 온갖공덕
원만하게 이뤄지다
그런후에 대자대비 마음내어 사바세계
다시와서 한량없는 분신으로 시방법계
다니면서 여러가지 신통력과 가지가지
방편으로 무량중생 제도하고 탐진치를
멀리떠나 청정한맘 일심으로 극락세계
돌아와서 물러나지 않는자리 연화보좌
금강대에 오릅니다

이세계가 끝이없고 중생들도 끝이없고
번뇌업장 끝이없어 제서원도 이와같이
끝간곳이 없나이다

저희들이 지성으로 예배하고 발원하여
닦아지닌 모든공덕 두루두루 빠짐없이
만중생에 회향하고 네가지의 크신은혜
모두갚게 하시옵고 삼계육도 일체유정
중생들을 모두함께 제도하여 일체종지
이뤄지이다.

정념게

正 念 偈

제자 OOO는 생사에 헤매는 범부로서 죄업이 지중하여 육도에 윤회하매 그 괴로움은 이루다 말할수 없었나이다.

그러나 다행히도 이제 선지식을 만나, 아미타불의 명호와 공덕을 듣고 일심으로 염불하여 왕생하기를 원하옵나니,
바라옵건대 자비를 드리우사 가엾시여겨 거두어 주옵소서.

어리석은 저는 부처님 몸의 상호와 광명을 알지 못하오니, 원컨대 나투시어 저로하여금 친견하게 하옵소서.

그리고 관세음보살과 대세지보살, 여러 보살들을 뵙게 하시고, 서방정토의 청정한 장엄과 광명과 미묘한 형상들을 역력히 보게 하여 주옵소서.

나무아미타불
나무아미타불
나무아미타불

불경 출판·보시의 열 가지 공덕

(印佛經之十大利益)

불경을 출판하여 법보시 하면 다음과 같은 열 가지 공덕이 있다.

첫째, 종전에 지은 바 가지가지 죄악과 과오가 있더라도, 가벼운 사람은 선 자리에서 곧 소멸되고, 무거운 사람은 점차 가벼워진다.

둘째, 항상 길신(吉神)이 옹호하므로 일체의 전염병과 수재(水災)와 화재(火災), 도적에게 빼앗기는 일, 흉기에 다치는 일, 감옥에 갇히는 일 등 일체의 재난을 받지 않는다.

셋째, 오래도록 원한이 맺힌 원수를 대하더라도 감응시켜 법을 이익 되게 하고 해탈을 얻게 하므로 원수로부터 보복을 당하는 고통을 영원히 면한다.

넷째, 야차(夜叉)와 악한 귀신(惡鬼)이 능히 침범치 못하고, 독사와 굶주린 호랑이도 능히 해치지 않는다.

다섯째, 마음에 안위(安慰)를 얻고, 날마다 험한 일은 없어지며, 밤에는 악몽을 꾸지 않고, 얼굴색이 빛나고 윤택해지며, 기력(氣力)이 충만하여 넘치고, 하는 일마다 길하고 이롭다.

여섯째, 지극한 마음으로 불법을 받들므로 비록 구하고 바라는 것이 없으나 자연 의식(衣食)이 풍족하고, 가정이 화목하며, 복덕과 수명이 길어진다.

일곱째, 말하고 행동함이 사람과 하늘이 기뻐하므로(人天歡喜) 어느 곳에 가더라도 항상 많은 대중이 정성을 기울여 사랑하고 받들며, 공경하고 예배한다.

여덟째, 어리석은 사람은 지혜로워지고 병든 사람은 건강하게 되며, 빈곤한 사람은 부자가 되고, 여자의 몸이지만 보답하는 나날이 계속 되면 남자의 몸을 빨리 받는다.

아홉째, 지옥•아귀•축생과 같은 악도(惡道)를 길이 여의고, 선도(善道)에 태어나며, 얼굴의 생김새가 단정하며, 나면서부터 타고난 기품이 뛰어나며, 복록(福祿)이 수승해 진다.

열째, 능히 일체중생을 위하여 선근(善根)의 종자를 심으며, 중생의 마음으로써 큰 복전(福田)을 지어서 헤아릴 수 없는 수승한 과보(果報)를 얻어 나는 곳마다 항상 부처님을 뵈옵고 법을 얻어 들으매 곧바로 삼혜(三慧)가 크게 열리어 여섯 가지 신통(六神通)을 증득하고 속히 성불(成佛)하게 된다.

무릇 오래 살기를 빌거나(福壽), 기쁘고 경사스런 일이 있거나(架喜), 재난을 면하고자 하거나(免災), 바라는 바 소원을 기원하거나(新求), 잘못을 뉘우치거나(懺悔), 고시(高試)나 입시에 임할 때를 만나면 모두 기쁜 마음으로 경전을 방청하여 널리 법보시 하기를 권합니다.

나무아미타불 나무아미타불 나무아미타불

정토종의 종지(宗旨)

信受彌陀救度 아미타불의 구제를 믿고 받아들이고
專稱彌陀佛名 오로지 아미타불의 명호를 부르며
願生彌陀淨土 아미타불의 정토에 왕생하기를 발원하여
廣度十方衆生 널리 시방중생을 구제하리

정토종의 특색

本願稱名 미타본원인 칭명염불로
凡夫入報 범부가 보토에 들어가며
平生業成 평생에 과업을 성취하고
現生不退 현생에 불퇴전을 이룬다

어떤 사람이 억만금의 재물과 보화를 가지고
모든 보살과 중생에게 모두 베푼다면
그 얻는 복이 비록 무량하기는 하겠지만,
이 또한 어떤 사람이 다른 사람에게
한번 아미타불을 소리 내어 외우도록 권한 공덕만 못하리라.
- 현호경賢護經

행복한 죽음을 위한
조념염불법

1판 1쇄 펴낸 날 2016년 4월 21일

옮긴이 정전스님 · 보정거사
발행인 김재경   편집 김성우   교정교열 이유경   디자인 최정근
마케팅 권태형   제작 해인프린팅
펴낸곳 도서출판 비움과소통
         서울시 구로구 구로동로 206(구로동 487-36 1층)
         전화 02-2632-8739   팩스 0505-115-2068
홈페이지 http://bns-mall.co.kr   이메일 buddhapia5@daum.net
출판등록 2010년 6월 18일 제318-2010-000092호

© 정전 · 보정
ISBN 978-89-97188-95-6 03220